24 heures de la vie
sous Ramsès II

Renaud Pietri

24 heures de la vie sous Ramsès II

puf

ISBN 978-2-13-083311-6
Dépôt légal – 1re édition : 2023, mai

170 bis, boulevard du Montparnasse, 75014 Paris

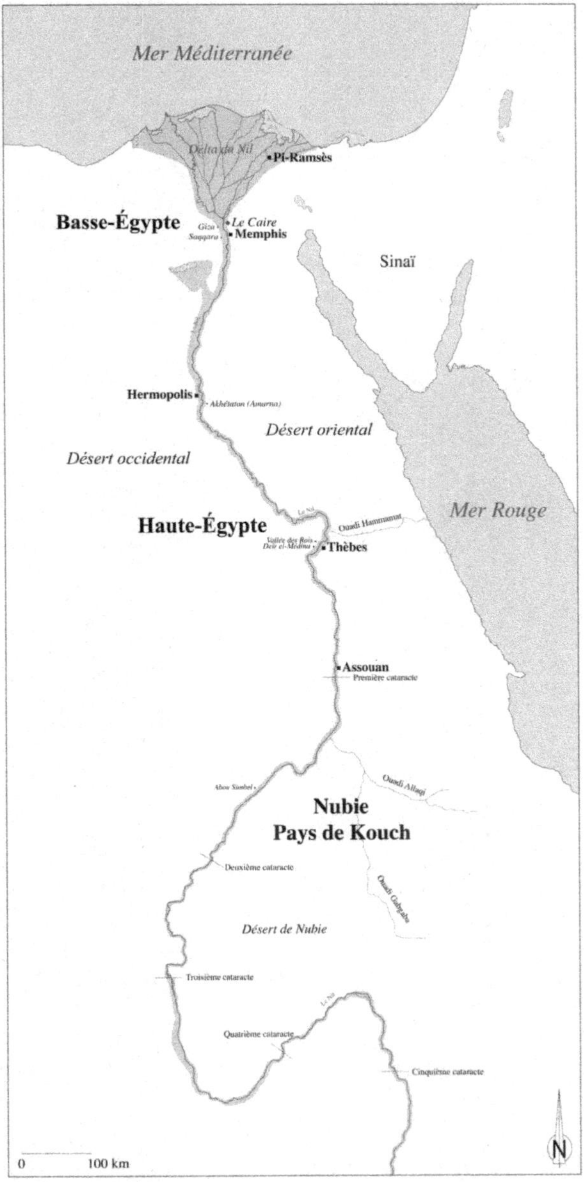

Carte simplifiée de l'Égypte ancienne sous Ramsès II
adaptée d'une carte originale de Jeff Dahl CC BY-SA 4.0

Chronologie indicative

Époque prédynastique et thinite
(env. 5500-2700 av. J.-C.)

Ancien Empire (env. 2700-2200 av. J.-C.)

Première période intermédiaire (env. 2200-2033 av. J.-C.)

Moyen Empire (env. 2033-1710 av. J.-C.)

Deuxième période intermédiaire
(env. 1710-1550 av. J.-C.)

Nouvel Empire 1550-1069 av. J.-C.

XVIIIe dynastie 1550-1295 av. J.-C.

Ahmosis	1550-1525 av. J.-C.
Amenhotep Ier	1525-1504 av. J.-C.
Thoutmosis Ier	1504-1492 av. J.-C.
Thoutmosis II	1492-1479 av. J.-C.
Hatchepsout	1479-1457 av. J.-C.
Thoutmosis III	1479-1425 av. J.-C.

Amenhotep II	1427-1401 av. J.-C.
Thoutmosis IV	1401-1391 av. J.-C.
Amenhotep III	1391-1353 av. J.-C.
Amenhotep IV/Akhénaton	1353-1337 av. J.-C.
Smenkhkarê	1338-1336 av. J.-C.
Toutânkhamon	1336-1327 av. J.-C.
Aÿ	1327-1323 av. J.-C.
Horemheb	1323-1295 av. J.-C.

XIXe dynastie 1295-1186 av. J.-C.

Ramsès Ier	1295-1294 av. J.-C.
Séthi Ier	1294-1279 av. J.-C.
Ramsès II	**1279-1213 av. J.-C.**
Mérenptah	1213-1203 av. J.-C.
Amenmès	1203-1200 av. J.-C.
Séthi II	1200-1194 av. J.-C.
Siptah	1194-1188 av. J.-C.
Taousert	1188-1186 av. J.-C.

XXe dynastie 1186-1069 av. J.-C.

Sethnakht	1186-1184 av. J.-C.
Ramsès III	1184-1153 av. J.-C.
Ramsès IV	1153-1147 av. J.-C.
Ramsès V	1147-1143 av. J.-C.
Ramsès VI	1143-1136 av. J.-C.
Ramsès VII	1136-1129 av. J.-C.
Ramsès IX	1129-1126 av. J.-C.
Ramsès X	1126-1108 av. J.-C.
Ramsès XI	1099-1070/1069 av. J.-C.

Chronologie indicative

Troisième période intermédiaire (env. 1069-664 av. J.-C.)

Basse Époque (664-332 av. J.-C.)

Époque macédonienne et ptolémaïque (332-30 av. J.-C.)

Époque romaine et byzantine (30 av.-641 ap. J.-C.)

Prologue

Le 14 septembre 1822, Jean-François Champollion, âgé de seulement trente-deux ans, s'effondre de fatigue et d'émotion : il a enfin compris comment déchiffrer les hiéroglyphes égyptiens, après plus de dix années de tâtonnements et de recherches parfois infructueuses, voire décourageantes.

Son frère, Jacques-Joseph, n'a jamais cessé d'y croire : il a soutenu financièrement son cadet, l'a poussé à continuer ses travaux, l'a présenté au monde académique. Les efforts acharnés des deux frères ont fini par payer : le 27 septembre 1822, Champollion est invité à présenter sa découverte devant l'Académie des Inscriptions et Belles-Lettres, donnant ainsi naissance à une nouvelle discipline : l'égyptologie.

Prologue

Le 14 septembre 1822, Jean-François Champollion, âgé de seulement trente-deux ans, s'effondre de fatigue et d'émotion : il a enfin compris comment déchiffrer les hiéroglyphes égyptiens, après plus de dix années de tâtonnements et de recherches parfois infructueuses, voire décourageantes.

Son frère, Jacques-Joseph, n'a jamais cessé d'y croire : il a soutenu financièrement son cadet, l'a poussé à continuer ses travaux, l'a présenté au monde académique. Les efforts acharnés des deux frères ont fini par payer : le 27 septembre 1822, Champollion est invité à présenter sa découverte devant l'Académie des Inscriptions et Belles-Lettres, donnant ainsi naissance à une nouvelle discipline : l'égyptologie.

Ouverture

Le royaume des Deux Terres prend vie

Pour l'historien grec Hérodote, qui a pu visiter le pays du Nil au Ve siècle av. J.-C., les Égyptiens sont « les plus religieux des hommes ». Les auteurs grecs et latins sont fascinés par l'Égypte, et en particulier par sa Haute Antiquité, dont témoignent le Sphinx et les grandes pyramides du plateau de Giza.

L'Égypte a la réputation d'être l'un des berceaux de la civilisation, dont les mœurs et coutumes suscitent respect ou moquerie : après tout, on y vénère des dieux à tête d'animaux, voire tout simplement des animaux vivants, et les prêtres y racontent de vieilles légendes sur leurs rois disparus ; leur écriture sacrée est bien singulière, avec sa cohorte de petits oiseaux et d'autres figures animées, et elle est alors réservée à des initiés de moins en moins nombreux.

Devenue une province de l'Empire romain, l'Égypte se convertit rapidement au christianisme, à partir du IIIe siècle, son passé pharaonique tombant peu à peu dans l'oubli. La dernière inscription hiéroglyphique connue date de 394 ap. J.-C.

Pendant les siècles suivants, c'est à travers les textes de l'Antiquité classique ou l'Ancien Testament que l'on connaît l'Égypte, un pays qui reste lointain et exotique. Les obélisques rapportés par les empereurs romains dans la Ville Éternelle sont pendant longtemps les seuls vestiges de la civilisation pharaonique accessibles aux savants européens. Les hiéroglyphes qui les recouvrent sont souvent interprétés comme une écriture secrète, faite de symboles cryptiques dont l'interprétation donne lieu à des débats sans fin au sein de la République des Lettres.

Au XVIIIe siècle, les choses s'accélèrent et la compréhension de la nature profonde des hiéroglyphes égyptienne progresse, jusqu'au tournant final que représente la découverte de la pierre de Rosette, au cours de l'expédition d'Égypte menée par le général Bonaparte à la fin du XVIIIe siècle : ce n'est alors plus qu'une question de temps pour que le texte trilingue gravé à sa surface donne la clé du déchiffrement.

En 1822, c'est la fin du mystère, et le triomphe de Champollion : l'Égypte pharaonique sort de son silence plus que millénaire et les sources deviennent directement accessibles. L'étude de ces dernières ne va pas tarder à nuancer le fantasme d'une civilisation immuable, obsédée par le culte de ses dieux et la survie après la mort, alors que sont mis au jour de plus en plus de monuments et que l'archéologie, alors toute jeune discipline scientifique, se développe rapidement.

ÉTUDIER LA VIE QUOTIDIENNE DANS L'ÉGYPTE ANCIENNE : UN EXERCICE DIFFICILE

Deux siècles après Champollion, les sources se sont multipliées et notre connaissance de l'Égypte ancienne s'est considérablement accrue. Notre chronologie de la civilisation pharaonique, qui s'étend sur plus de trois millénaires, s'est affinée, malgré la persistance de nombreuses zones d'ombre. On peut y distinguer différentes périodes historiques, avec des caractéristiques propres, d'un point de vue linguistique, artistique, socioculturel, au sein desquelles le Nouvel Empire (env. 1550-1069 av. J.-C.) représente un âge d'or – parmi d'autres – plutôt bien documenté. Il reste cependant très difficile de savoir à quoi ressemblait précisément la vie quotidienne dans l'Égypte de cette époque assez reculée dans le temps.

Si les sources sont nombreuses, elles ne sont en revanche pas toujours très représentatives. Elles sont d'abord bien mal réparties sur le territoire égyptien : la grande majorité provient d'un seul site ou de sa région, la ville de Thèbes, capitale du sud de l'Égypte. Bien souvent, elles émanent d'une couche de la société particulièrement privilégiée, l'élite qui gouverne le pays, qu'elle soit militaire, issue du clergé ou même qu'elle appartienne à la famille royale ; or, ce qui est vrai pour un Égyptien de l'élite l'est rarement pour la majorité des Égyptiens, aux quotidiens plus modestes.

Mais les sources qui nous sont parvenues sont d'abord celles que l'élite a laissées derrière elle, elle qui pouvait écrire, commander des statues, faire décorer ses tombes, et avait tout intérêt à assurer son autopromotion auprès de ses contemporains. Textuelles ou iconographiques, ces sources sont porteuses d'une idéologie que l'égyptologue doit s'attacher à étudier avec la plus grande rigueur : c'est à ce prix seulement qu'il peut trier les informations, et comprendre ainsi ce qui relève d'une forme de réalité objective et historique, quand le reste correspond avant tout à un système de pensée et à ses conventions.

Les fouilles archéologiques constituent un moyen précieux pour étudier le passé, mais qui a lui aussi des limites. D'abord, l'archéologie s'est concentrée, pendant très longtemps, sur les nécropoles et les temples. Et pour cause : les villes de l'Égypte moderne sont en bonne partie bâties sur celles de l'Égypte pharaonique. Les habitations s'y sont succédé pendant des siècles et celles des hautes époques ont été remplacées. L'utilisation de briques crues pour les murs des maisons, un matériau fragile et peu durable comparé à la pierre des temples et des tombes, rend aussi plus difficile leur étude.

Il faut souligner aussi que si le climat du sud de l'Égypte, chaud et sec, a protégé les objets déposés dans les tombes, souterraines et donc à l'abri – sauf des pillages –, les conditions sont beaucoup moins favorables dans le delta, au nord, qui a d'ailleurs été beaucoup moins fouillé. En contexte thébain cependant, c'est-à-dire dans le sud du pays, on a pu mettre au jour des aliments, des outils, des contenants, toutes sortes d'objets plus ou moins décorés qui nous sont parvenus parfois en excellent état.

Ils nous renseignent sur la vie quotidienne dans une certaine mesure, car ils proviennent bien du monde des morts : si certains sont de toute évidence des souvenirs que le défunt emporte avec lui dans sa tombe, de nombreux autres ont été fabriqués spécifiquement pour l'accompagner dans l'au-delà. La prudence est donc de mise lorsque l'égyptologue extrapole sur leur usage dans la vie terrestre, car ils permettent avant tout d'étudier des pratiques funéraires.

Pour l'époque ramesside (1295-1069 av. J.-C.), qui correspond à la seconde partie du Nouvel Empire, il existe cependant une exception qui confirme la règle : le site de Deir el-Médina. Véritable Pompéi des sables situé sur la rive ouest de Thèbes, ce village était le lieu où habitaient les artistes et artisans chargés de creuser et de décorer les tombes de la Vallée des Rois. Les fouilles menées sur place ont permis de dégager le village proprement dit, avec les habitations de chaque famille d'artisans, la nécropole correspondante juste en face, et diverses structures religieuses ou administratives.

Des milliers de textes sur papyrus et *ostraca* – de petits éclats de calcaire ou des tessons de poterie inscrits à l'encre – nous renseignent sur la vie quotidienne de la communauté qui vivait sur place, l'archéologie apportant son lot d'objets et d'informations complémentaires. On peut ainsi suivre une même famille sur plusieurs générations, établir des généalogies, et approcher au plus près le quotidien d'Égyptiens ayant vécu il y a plus de 3 000 ans.

Il faut toutefois se méfier des généralités : les habitants de Deir el-Médina constituent en fait eux-mêmes une élite privilégiée constituée des meilleurs artistes et artisans spécialisés de leur époque, choyée par le pouvoir royal car leur mission est essentielle, et dont le quotidien n'est donc peut-être pas si représentatif de celui de la plupart de leurs contemporains.

La documentation de Deir el-Médina reste néanmoins un cas unique et d'une richesse extraordinaire : elle permet d'évoquer de nombreux aspects de la vie quotidienne dans l'Égypte des Ramsès pour lesquels on ne dispose d'aucune autre source et à ce titre, la documentation du village, dont une bonne part est précisément datée de Ramsès II, sera fréquemment convoquée dans les pages qui suivent. Dans bien des cas cependant, l'imagination joue un rôle prépondérant pour tenter de restituer ce qui a entièrement disparu ou n'est connu que par des sources aussi lacunaires que difficiles à interpréter.

RAMSÈS II, L'AN 55

Ramsès II est le troisième – et principal – pharaon de la XIXe dynastie (env. 1295-1186 av. J.-C.). Il est issu d'une famille du nord de l'Égypte : son grand-père, Paramessou, est vizir sous le règne d'Horemheb, dernier roi de la dynastie précédente. Horemheb lui-même est issu d'une aristocratie militaire et n'a apparemment pas de descendant, ce qui le conduit à choisir Paramessou comme successeur.

Celui-ci règne seulement deux ans, sous le nom de Ramsès Ier. Son fils monte sur le trône d'Horus sous le nom de Séthi Ier : il règne une douzaine d'années et commence de vastes programmes de construction tout en menant des campagnes militaires avec succès, restaurant la grandeur de l'Égypte qui sortait alors avec peine d'une longue crise politique et religieuse.

Ramsès II devient roi à la suite de son père Séthi Ier. Il va régner près de soixante-sept ans sur l'Égypte, une longévité rarement égalée dans l'histoire, jusqu'à sa mort à environ quatre-vingt-neuf ans. D'abord jeune roi fougueux, survivant miraculeusement à la bataille de Qadech, il signera ensuite le traité de paix égypto-hittite, en l'an 21 de son règne, avec l'empire rival du Hatti situé en Anatolie, ce qui marque le début d'une longue période de prospérité, une sorte d'âge d'or dans l'âge d'or.

Ramsès II est aussi un bâtisseur, qui a couvert l'Égypte de monuments : les temples rupestres d'Abou Simbel, pour ne citer qu'eux, en sont le parfait exemple, sublimé par l'incroyable élan international qui a permis leur sauvetage au XXe siècle. Mais quelques décennies seulement après la mort du roi, ses successeurs parlent déjà de son règne, le dernier grand règne du Nouvel Empire, comme d'un idéal à atteindre.

LE SOLEIL SE LÈVE UNE NOUVELLE FOIS SUR L'ÉGYPTE

Notre récit prend place en l'an 55 de Ramsès II, aux alentours de 1224 av. J.-C. Ce choix n'est pas anodin : il permet de mettre en scène de manière crédible les personnages historiques évoqués dans chaque chapitre, qui étaient tous encore en vie – d'après les sources à notre disposition et dans l'état actuel de nos connaissances – cette année-là. En l'an 55, les principaux monuments du règne sont déjà construits. Quant à Ramsès II, il est alors âgé d'environ soixante-dix-sept ans. C'est beaucoup pour l'époque, et le vieux roi est déjà malade. Pourtant, il lui reste encore presque douze ans sur le trône des Deux Terres. L'Égypte est en paix depuis plusieurs décennies et ses habitants, pour la plupart, n'ont connu qu'un seul roi, celui que l'on appelle aujourd'hui « Ramsès le Grand ».

En l'an 55 du règne de Ramsès II, le soleil se lève une fois de plus et illumine l'Égypte de ses rayons. Le dieu Rê a triomphé de ses ennemis, au premier rang desquels se trouve Apophis, le serpent géant au ventre rouge qui chaque nuit attaque la barque solaire, et qui chaque nuit est repoussé.

La journée peut donc commencer : dans tout le pays, le long du fleuve et dans les oasis, les villes et les villages s'animent, profitant de la fraîcheur du petit matin. Du sud au nord, d'Assouan à Pi-Ramsès, le royaume des Deux Terres prend vie...

Chapitre premier

L'aube en Nubie

Ce jour-là, à Assouan, la ville la plus au sud de l'Égypte, sur son navire qui s'apprête à appareiller vers le nord pour le ramener à Thèbes, le vizir Khay sent le poids des années. L'aube est à peine levée et l'air est encore frais, la température est idéale pour commencer la journée car dans quelques heures il fera très chaud. Sur le fleuve déjà des pêcheurs matinaux font glisser leurs frêles esquifs de papyrus, vêtus d'un simple pagne et le crâne nu, sans perruque.

Plus loin, sur la berge, Khay peut aussi voir un groupe d'homme portant des outils de cuivre sur l'épaule : il s'agit sans doute d'un groupe de carriers qui se prépare à commencer sa journée de travail. Sous Ramsès II, tout le granite rose d'Égypte vient des carrières d'Assouan, où il est extrait, dégrossi puis éventuellement sculpté et poli sur place, avant de partir sur de grandes barges vers les autres villes du pays. Un obélisque est justement installé sur un bateau à quai. Sa surface reflète les rayons du soleil levant.

La peau hâlée des pêcheurs et des carriers témoigne des longues heures qu'ils passent chaque jour au soleil. Elle contraste avec celle du vizir, plus pâle : ce dernier passe davantage de temps à l'abri des bâtiments officiels qu'à l'extérieur, à la fois par goût et dans le cadre de ses fonctions. Depuis au moins quinze ans, Khay est en effet l'un des premiers personnages du royaume et représente le roi Ramsès en Haute Égypte, c'est-à-dire dans toute la moitié sud du pays.

Le souverain voyage de moins en moins, affaibli par la vieillesse et la maladie. Au nord comme au sud, il peut néanmoins compter sur ses deux vizirs, qui l'aident à gouverner et rendent la justice en son nom. Ainsi dédoublée, la charge de vizir soulage le roi, qui ne quitte la capitale, Pi-Ramsès, que rarement. Car administrer un pays de la taille de l'Égypte de Ramsès II n'est pas de tout repos.

L'ÉGYPTE, UN « DON DU NIL »

À Assouan sous le règne de Ramsès II, il n'y a pas encore de barrage. Le Nil coule librement, une fois franchie la Première Cataracte, cet endroit où le fleuve est parsemé de rochers et se transforme en rapides où la navigation devient dangereuse. Certaines traditions religieuses de l'époque pharaonique font de ce lieu le point de départ de la crue du Nil, qui chaque année vient inonder les terres fertiles qui le bordent. La couleur du limon propice aux cultures a donné son nom égyptien au pays : *Kémet*, la « noire ».

Les Égyptiens sont avant tout un peuple d'agriculteurs. Ils dépendent de la crue du Nil, ce phénomène qui rythme leur vie et qu'ils ont divinisé en l'appelant Hâpy. L'année est divisée en trois saisons de quatre mois : le premier jour de la saison de l'inondation (*akhet*), en marque théoriquement le début[1] ; la saison de la germination (*peret*) est suivie de celle des moissons (*chemou*). Une crue exceptionnelle entraînera des récoltes abondantes, tant qu'elle n'est pas trop dévastatrice ; à l'inverse, une crue insuffisante peut entraîner des famines. À l'époque romaine, l'Égypte devenue province de l'empire sera son grenier à blé ; à l'époque ramesside, elle produit déjà des quantités importantes de céréales, qui permettent de nourrir la population.

L'Égypte s'est construite autour du Nil, au sens propre comme au sens figuré. Le « va-nu-pieds » de l'époque pharaonique est un « sans-bateau ». Le fleuve traverse le pays du sud au nord : d'Assouan à Memphis, c'est la Vallée du Nil, puis au-delà le delta égyptien, où le Nil finit par se diviser en de multiples branches qui toutes se jettent dans la Méditerranée.

La plupart des grandes villes d'Égypte sont bâties près du fleuve et communiquent ainsi entre elles. Dans la vallée, on cultive des champs près de l'eau, et le vert végétal succède au bleu du Nil puis est vaincu

1. À l'époque de Ramsès II, l'année du calendrier égyptien comprenait seulement 365 jours, ce qui entraînait un décalage progressif de plus en plus long entre le premier jour de l'année et celui de la saison de l'inondation, puisqu'une année solaire dure 365 jours ¼. Ce problème était connu des anciens Égyptiens mais ne fut réglé qu'à l'époque ptolémaïque.

par les couleurs chaudes du désert montagneux et hostile, qui s'étend à perte de vue à l'ouest comme à l'est. Dans le delta, le Nil transforme le paysage en marécage parfois inhospitalier, couvert de fourrés de papyrus, et c'est à nouveau le vert végétal qui domine.

La voie fluviale est de loin la plus prisée pour le transport des personnes et des biens, même s'il existe des pistes qui passent par le désert libyque et conduisent à plusieurs oasis, dont la plus remarquable est celle du Fayoum, à quelques dizaines de kilomètres au sud de Memphis. Les pistes qui s'enfoncent dans le désert oriental mènent pour leur part à la mer Rouge.

À l'époque de Ramsès II, certaines pistes sont peut-être déjà empruntées par des messagers à cheval : l'existence de cette poste d'un nouveau genre a été démontrée pour une période un peu plus tardive. En une journée, près de 200 kilomètres peuvent alors être couverts à cheval, ce qui permet d'améliorer grandement les communications entre les différents centres de pouvoir, un point essentiel pour administrer le pays.

C'est justement à la lecture de son courrier que le vizir a choisi de consacrer ce début de matinée. Deux lettres lui sont parvenues à l'aube, l'une de Pi-Ramsès, dans le delta, et la seconde de Thèbes. Pour un vizir, la bureaucratie n'attend pas : Khay s'installe donc dans la cabine de son navire, accompagné de l'un de ses scribes et assistants. Si ces lettres ont un contenu urgent, la réponse partira avant que le navire, dont le départ est pour bientôt, ne prenne la direction de Thèbes.

FRONTIÈRES ET RESSOURCES

Si l'Égypte est gouvernée par un seul roi dans les périodes de stabilité politique, elle est divisée administrativement en grandes régions, les nomes, dont le nombre et les frontières ont évolué au cours du temps. Ces nomes s'organisent autour de grands centres urbains établis le long de la Vallée du Nil, en Haute et en Moyenne Égypte, où au bord des différentes branches du fleuve pour ce qui est des villes du delta.

Certaines villes, pour des raisons historiques, géographiques ou religieuses, ont une importance particulière à l'échelle du royaume. D'Assouan à Pi-Ramsès, l'Égypte de Ramsès II s'étend sur plus d'un millier de kilomètres, mais il faut y ajouter le nord de la péninsule du Sinaï et une grande partie de la Haute Nubie – l'actuel Soudan –, alors sous contrôle égyptien.

Le Sinaï est exploité pour ses carrières de turquoise et de cuivre. À l'ouest du delta et de la Vallée du Nil se trouve le désert libyque, où l'on trouve de riches oasis et des pistes pour les caravanes et leurs marchandises. Sous Ramsès II, ces oasis sont sous le contrôle de l'administration centrale égyptienne. Quant au désert oriental, qui mène à la mer Rouge et à ses ports, on y exploite des carrières de pierre – notamment de *grauwacke*, la « pierre de *bekhen* » des anciens Égyptiens – et d'or. Riche en ressources naturelles, l'Égypte manque toutefois de grandes pièces de bois, d'étain et d'argent, des matériaux dont les royaumes du Levant disposent en grande quantité.

La Syro-Palestine est donc une zone d'influence privilégiée pour le pouvoir pharaonique, en particulier au Nouvel Empire : que ce soit par la diplomatie, le commerce ou les armes, l'Égypte n'a cessé d'y renforcer sa présence tant qu'elle en a eu les moyens.

Les intérêts égyptiens se sont confrontés au Levant à ceux d'autres grands empires rivaux : au début de la XIXe dynastie, l'ennemi est le Hatti, dont le cœur se situe en Anatolie. La géopolitique du Levant est cependant complexe et implique des alliances et des renversements d'alliances fréquents, les royaumes locaux choisissant de suivre les Égyptiens et les Hittites au gré des circonstances et des enjeux. La bataille de Qadech, qui se déroule devant la ville du même nom située en Syrie actuelle en l'an 5 du règne de Ramsès II, en est l'un des meilleurs témoignages. Toutefois à partir de l'an 21 et de la signature du traité de paix égypto-hittite, les relations entre les deux empires rivaux et leurs vassaux levantins se normalisent et permettent des échanges mutuellement profitables et d'une intensité inédite.

La situation au sud est un peu différente. Le puissant royaume de Kouch, vaincu par les rois de la XVIIIe dynastie, a été placé sous le contrôle direct de l'Égypte. Le statut de ce territoire est quasiment celui d'une colonie. Le « fils royal de Kouch » y fait office de vice-roi et y gouverne au nom du pharaon. De la première cataracte à la quatrième et même un peu au-delà, le territoire et ses ressources sont encore, durant le règne de Ramsès II, sous administration égyptienne.

La région est pacifiée et les garnisons qui y sont cantonnées n'ont manifestement que de rares révoltes à mater, même si la propagande royale accorde toujours une place prépondérante au motif iconographique de Pharaon écrasant l'ennemi nubien, indispensable contrepartie méridionale au massacre des Asiatiques. Mais malgré ces représentations belliqueuses à l'historicité parfois incertaine, la principale caractéristique du règne de Ramsès II, au moins dans sa seconde partie, est la paix. Pendant des décennies, l'Égypte ne connaît pas d'affrontement majeur et peut se consacrer à sa propre prospérité.

LA POPULATION DE L'ÉGYPTE

Pendant que Khay est enfermé dans le secret de sa cabine, occupé à lire le courrier du jour, sur le quai on s'affaire pour charger le navire du vizir et les quelques bateaux qui l'accompagnent. Encadrés par des soldats nubiens, colosses à la peau noire réputés pour leurs talents d'archers, des serviteurs vont et viennent ; sur le pont, l'équipage, composé de Thébains, commence à préparer le navire, sous la direction d'un capitaine manifestement d'origine levantine, doté de cheveux roux et répondant au nom de « Pakharou », le « Syrien ».

L'Égypte a accueilli différentes populations au cours du temps, qui s'y sont évidemment mélangées.

Si la couleur de peau des anciens Égyptiens a fait couler beaucoup d'encre et se trouve régulièrement au cœur de polémiques, celles-ci sont souvent plus politiques que scientifiques. Ce sujet aussi sensible que complexe témoigne en effet davantage de nos passions contemporaines que des préoccupations des anciens Égyptiens en matière ethnique. Car si ces derniers se représentent eux-mêmes avec une peau ocre rouge pour les hommes et une peau ocre jaune pour les femmes, les Nubiens du pays de Kouch ont une peau noire et des cheveux crépus, quand les Asiatiques sont des barbus à la peau pâle.

Ces conventions sont le reflet d'un univers mental qui place l'archétype de l'Égyptien au centre du monde créé et l'oppose à ses voisins longtemps considérés comme des barbares. La réalité est bien plus nuancée, au sein d'une population qui compte alors au maximum quelques millions d'âmes. Sur ce plan comme d'un point de vue culturel et linguistique, l'Égypte est le reflet de sa situation géographique, au carrefour de l'Afrique et de l'Asie et bordée par la Méditerranée au nord et la mer Rouge à l'est.

À l'époque qui nous occupe, l'Égypte abrite depuis bien longtemps des étrangers venus d'Asie – librement, ou comme prisonniers de guerre –, qui s'y installent et y adoptent la culture locale, tout en l'enrichissant. Le polythéisme est à cet égard un puissant « facteur d'intégration », puisque les divinités des uns et des autres ne sont pas exclusives : au contraire, elles partagent des caractéristiques et des fonctions qui permettent de les associer et d'enrichir leurs personnalités respectives. Des dieux et des déesses d'origine étrangère comme

Anat, Astarté ou Rechep, venus du Proche-Orient, font ainsi partie intégrante du panthéon égyptien depuis au moins le règne d'Amenhotep II.

Certains dieux sont rapprochés de leurs équivalents égyptiens et forment ainsi une nouvelle entité, comme Seth-Baâl. La famille de Ramsès II, qui se place sous la protection de Seth, est peut-être elle-même d'origine étrangère, bien qu'installée depuis longtemps dans le delta. Les Asiatiques sont surtout implantés dans la moitié nord du pays, tandis que dans le Sud, le métissage avec la population nubienne a sans doute commencé dès les plus hautes époques. Venues de l'ouest, des populations dites « libyennes », composées de tribus bédouines peu organisées, harcèlent l'Égypte depuis deux millénaires et viennent parfois aussi se mélanger à la population locale.

Assouan, dont le nom actuel a peut-être un lien avec l'égyptien ancien *sounet*, le « commerce », est une extension de la ville d'Éléphantine, construite sur une île au milieu du fleuve. Celle-ci a toujours servi d'interface avec les royaumes d'Afrique situés au sud de la Première Cataracte. L'apport de ces derniers à la civilisation pharaonique est moins bien connu pour des raisons d'ordre historique et historiographique, mais il est comparable à celui du monde sémitique. Ce lien est aussi trahi par l'anthroponymie : « Panéhésy » signifie le « Nubien », et il s'agit d'un nom porté par de nombreux personnages du Nouvel Empire très haut placés dans la société égyptienne.

L'occupation du pays de Kouch, qui se poursuit sous Ramsès II, s'accompagne d'une « égyptianisation » bien plus marquée qu'au Levant, où les emprunts au monde pharaonique sont davantage anecdotiques et participent d'une forme de syncrétisme élitiste plus large à l'échelle de l'Est méditerranéen. À l'inverse, les Kouchites s'imprègnent de la culture égyptienne et la réinterprètent sans pour autant renier leur propre identité, ce qui aboutira aux brillantes civilisations de Napata et de Méroé du millénaire suivant.

LA LANGUE DES RAMSÈS

Les lettres que son scribe et assistant lit à Khay après les avoir soigneusement dépliées sont des rectangles de papyrus inscrits en hiératique, l'écriture manuscrite cursive correspondant aux hiéroglyphes. Tracés à l'encre noire, les signes sont des hiéroglyphes très simplifiés, qui perdent en figurativité par rapport à leurs modèles sculptés dans la pierre. Tout en pleins et en déliés, ils sont parfois penchés d'un côté ou de l'autre, présentent des traits épais ou fins, et sont plus ou moins soignés.

Khay peut reconnaître au premier coup d'œil quel scribe de la haute administration a écrit telle ou telle lettre, ou bien si un haut fonctionnaire a pris lui-même le roseau. Les lettres venues du palais à Pi-Ramsès sont écrites dans une belle écriture onciale caractéristique ; celles du scribe de la tombe Qenherkhepechef sont au contraire dans une cursive très rapide où chaque signe ressemble à un trait oblique semblable au précédent.

Ces lettres sont rédigées dans une langue que les égyptologues appellent de nos jours le « néo-égyptien », par opposition à « moyen-égyptien », qui correspond à une phase linguistique antérieure, et donc à une grammaire différente. Cette langue classique, dite aussi « de tradition », est en fait utilisée en Égypte pour la rédaction de textes officiels et liturgiques, particulièrement sur des supports monuments tels que des parois de temples ou de tombes, ou encore sur des stèles royales ou privées. Quant au néo-égyptien, il correspond à la langue parlée au Nouvel Empire, qui depuis quelques décennies s'impose aussi à l'écrit, notamment dans l'administration.

À la fin de la XVIIIe dynastie, sous le règne d'Akhénaton, le néo-égyptien connaît une promotion nouvelle et son utilisation devient de plus en plus fréquente, y compris dans les textes monumentaux. La tendance s'affirme sous Ramsès II car cette langue vernaculaire est alors également employée dans la littérature, au sens restreint de « belles-lettres ». La littérature en égyptien classique continue à être recopiée alors que de nouvelles compositions en néo-égyptien deviennent aussi des références : l'Égypte est alors dans une situation de « diglossie culturelle », c'est-à-dire que deux états de la langue coexistent à l'écrit et sont maîtrisés par au moins une partie de l'élite culturelle du pays.

LES DIALECTES RÉGIONAUX

À travers les fines cloisons de la cabine, Khay peut entendre le capitaine aboyer des ordres en égyptien aux membres de l'équipage. Il leur parle avec un accent du Nord très prononcé et en utilisant des tournures de phrases typiques du delta ; certains termes techniques – et quelques jurons – sont empruntés à une langue sémitique, parlée sur la côte levantine. Les matelots, qui ont tous grandi en Haute Égypte, répondent avec leur propre dialecte, sans que cela ne pose de problème particulier de compréhension.

Pakharou a l'habitude de travailler avec des Thébains ; en revanche ses interactions avec certains habitants d'Assouan sont parfois un peu plus compliquées, la différence de dialecte étant significative – sans parler des serviteurs venus de Kouch, dont certains ne parlent que leur langue d'origine et ne comprennent pas un mot d'égyptien.

Même s'il est difficile d'en déterminer les caractéristiques, il existait en effet probablement différents dialectes en égyptien ancien, comme il existera plus tard différents dialectes en copte, son successeur linguistique. Un passage bien connu d'un texte littéraire composé à l'époque de Ramsès II et devenu rapidement un classique, *La Controverse des scribes* du papyrus Anastasi I, met ainsi en scène un scribe du nom de Hori qui se moque du choix des mots de son collègue Amenemopé :

> Aucun interprète n'arrive à les traduire : on dirait une conversation entre un homme du delta et un homme d'Éléphantine[1] !

1. P. Anastasi I, 28, 6.

Le copte étant écrit à l'aide d'un alphabet grec auquel certains signes notant des sons proprement égyptiens ont été ajoutés, il permet de noter les voyelles là où l'égyptien hiéroglyphique ne nous donne que des consonnes. La vocalisation précise de la langue égyptienne à l'époque de Ramsès II est donc délicate à établir : les égyptologues se contentent d'en restituer le squelette consonantique en utilisant un alphabet conventionnel, lors d'une étape nommée « translittération ». Cette dernière sert principalement d'aide à la traduction et d'outil d'analyse grammatical.

Pour tenter de retrouver comment était prononcé un mot, on peut avoir recours au copte, mais il faut garder en tête que celui correspond à une langue éloignée de plus d'un millénaire de celle que l'on parlait à l'époque ramesside. D'autres méthodes peuvent être employées : par exemple, la transcription de noms propres égyptiens dans des langues sémitiques contemporaines du règne de Ramsès II permet de savoir – à peu près – comment ceux-ci étaient prononcés à l'étranger. Mais s'il y a bien un aspect de la vie quotidienne qui nous échappe, c'est celui de la prononciation de cette langue orale dont nous avons pourtant tant de vestiges écrits.

LES LANGUES ÉTRANGÈRES

La langue commune à l'échelle méditerranéenne, celle des échanges diplomatiques, véritable *koïné* de l'âge du Bronze récent en Orient, est l'akkadien. C'est en akkadien que les originaux du traité de paix égypto-hittite de l'an 21 sont inscrits, sur des tablettes d'argent qui ne nous sont pas parvenues, mais qui sont mentionnées dans les versions en hittite et en égyptien hiéroglyphique du texte. C'est en akkadien que les rois et les reines correspondent entre eux, et l'élite en général, incluant les scribes de la cour et de la haute administration en particulier, doivent en connaître au moins quelques bases ; les plus doués servent vraisemblablement d'interprètes et sont envoyés représenter l'Égypte en dehors de ses frontières, cumulant souvent une charge militaire et des compétences de scribe.

C'est ce type de profil qui est décrit dans *La Controverse des scribes*, lorsque Hori se moque d'Amenemopé, un scribe de bureau sans expérience de terrain. Dans la lettre fictive qu'il écrit à Amenemopé, Hori utilise de nombreux termes techniques empruntés à des langues étrangères, une façon pour lui – mais aussi pour le scribe qui copie le texte – de faire étalage de ses connaissances en utilisant un vocabulaire qui appartient à celui d'une élite que l'on dirait aujourd'hui « mondialisée », c'est-à-dire à l'époque ouverte sur le monde de l'Est méditerranéen.

Pour cela, il a recours à des groupes de signes spécifiquement choisis pour leur valeur phonétique en dehors de toute autre considération, une sorte d'alphabet hiéroglyphique appelée « écriture syllabique ». *La Controverse des scribes* comporte même une phrase entière rédigée en hiéroglyphes mais dans une langue sémitique autre que l'égyptien, suivant les principes de cette écriture syllabique.

Quant aux langues parlées au pays de Kouch, elles sont très peu documentées pour l'époque ramesside, car elles n'étaient apparemment pas écrites. On imagine toutefois bien que les Égyptiens du Sud, qui étaient en contact permanent avec les Nubiens, ont été amenés à apprendre leurs langues au moins de manière rudimentaire. Des mots ou des phrases qui pourraient être issus de langues africaines peuvent parfois être identifiés dans des textes magiques ou funéraires, où on les convoque pour leur valeur hermétique, gage d'efficacité, à la manière de notre moderne *abracadabra*.

IVOIRE, MYRRHE ET ENCENS : LES RICHESSES DU PAYS DE KOUCH

Khay en a fini avec le courrier. Sur le pont, il constate qu'il fait déjà un peu plus chaud malgré l'heure encore très matinale. Le vizir n'a que peu dormi : jusque tard dans la nuit, il était en compagnie du vice-roi de Kouch Sétaou. Le rendement des mines d'or qui sont sous la responsabilité du vice-roi est en baisse, ce qui inquiète le palais ; c'est d'ailleurs la véritable raison de sa venue à Assouan, lui qui est le plus souvent à Thèbes. D'après Sétaou, il s'agit d'un problème de main-d'œuvre, que Khay lui a dit de régler sans délai, car le bon fonctionnement de l'Égypte de Ramsès II coûte cher et l'or est une ressource essentielle.

Ce n'est cependant pas la seule que produit la Nubie. La liste de ce qui a été embarqué à bord du navire de Khay comprend bien quelques paniers remplis du précieux métal, mais aussi des contenants remplis d'encens et de myrrhe, des peaux de panthères en parfait état, des plumes d'autruches, de l'ivoire d'éléphant – plus rare que celui d'hippopotame –, de l'ébène et même de l'« acacia de Kouch », un bois *a priori* rare en Égypte, que l'on a bien du mal à identifier de nos jours.

Il y a aussi quelques objets manufacturés, notamment des paniers aux fibres colorées, de beaux boucliers de cérémonie ornés de peaux de bovidés et des arcs longs qui témoignent du savoir-faire des artisans au service du vice-roi. Toutes ces richesses alimenteront les ateliers de Thèbes ou continueront leur route jusqu'à Pi-Ramsès en fonction des besoins.

L'encens et la myrrhe seront utilisés dans des rituels de purification et les peaux de panthères font partie du costume de certains prêtres ; quant aux plumes d'autruches, à l'ivoire et à l'ébène, ils serviront à fabriquer des éventails et de somptueux coffrets dont l'élite égyptienne, toujours en quête de raffinement, est friande. La quantité exacte de chaque produit a été reportée scrupuleusement sur un papyrus par un scribe du Trésor, dans un hiératique très rapide propre aux textes administratifs ; une copie de cette liste est en train d'être faite par un autre scribe pour le journal de bord du navire.

La première liste sera stockée dans un coffret le temps du voyage de retour jusqu'à Thèbes, puis déposée dans des archives officielles. Un bordereau de livraison sera émis dans chaque port où le navire pourrait se délester d'une partie de sa cargaison. Tout est enregistré, car l'administration égyptienne veut éviter les fraudes dans la mesure du possible et le bureau du vizir se doit d'être exemplaire sur ce point.

Une seule chose n'a pas été notée sur la liste, parce qu'il s'agit d'un cadeau personnel de Sétaou à Khay. Ce dernier a offert au vizir un cercopithèque, un petit singe vert, qu'un serviteur tient en laisse devant lui. Les Égyptiens les plus aisés ont des animaux domestiques, le plus souvent des chiens ou plus rarement des chats, auxquels ils donnent des noms personnels, mais les petits singes de Nubie sont très prisés. Ils volent des fruits dans les corbeilles et grimpent aux arbres, des facéties qui amusent les dames de la cour.

Ce petit singe fera un excellent compagnon pour l'épouse du vizir, mais en le voyant monter sur l'épaule du serviteur, Khay se dit que le voyage vers Thèbes, qui dure plusieurs jours, va décidément être long.

Chapitre II

Thèbes, le matin

Le même jour à Thèbes, sur la rive orientale, le soleil n'est levé que depuis quelques heures mais l'activité est déjà frénétique. C'est encore sur les quais qu'elle se concentre : alors que le navire du vizir s'apprête à partir d'Assouan, une flottille est arrivée la veille en provenance des carrières de grès du Gebel el-Silsileh, situées en amont du fleuve.

Le chargement consiste en une quinzaine de blocs de pierres dégrossies qui permettront de poursuivre les travaux en cours dans le grand temple d'Amon, à Karnak. Comme d'habitude, l'opération de transfert des pierres du navire au quai s'annonce délicate et mobilise de nombreux ouvriers.

Thèbes est le nom grec, passé à la postérité, de l'actuelle Louqsor. Le nom égyptien de la ville est *Ouaset*, la « Puissante », mais son importance fut telle que les sources égyptiennes l'appellent parfois simplement la « Ville ». Personnifiée sous la forme d'une déesse guerrière armée d'un arc et de flèche, Thèbes a été le principal centre du pouvoir pharaonique pendant le Moyen Empire, que les Égyptiens de l'époque de Ramsès II considèrent comme un âge d'or.

Elle fut aussi le point de départ de la reconquête du pays au début du Nouvel Empire, lorsque des princes thébains repoussèrent les Hyksôs en dehors des frontières égyptiennes. Le dieu local de Thèbes, Amon, est devenu l'une des divinités majeures du pays sous sa forme d'Amon-Rê. Depuis des siècles, chaque pharaon lui rend hommage en embellissant son temple de Karnak et en lui consacrant des offrandes dans ses innombrables sanctuaires.

Les travaux de Karnak – on dit « Ipet-sout » à l'époque pharaonique – sont supervisés depuis des années par le grand prêtre d'Amon lui-même, Bakenkhonsou. Celui-ci, debout sur le quai, est suivi de tout un aréopage de prêtres, reconnaissables à leurs crânes rasés, et de scribes, leurs nécessaires d'écriture à la main. Quelques dignitaires et une flopée de serviteurs brandissant des éventails et portant des jarres remplies d'eau accompagnent aussi le grand prêtre.

C'est le dernier chargement d'une longue série et Bakenkhonsou a souhaité être présent, afin de savoir précisément où en est le programme de construction initié par le roi à Thèbes : des architectes, des tailleurs de pierre et des sculpteurs sont là, pour répondre à ses questions.

Thèbes, le matin

LE PHARAON ET LES DIEUX

En l'absence du vizir Khay, le grand prêtre d'Amon-Rê est le personnage plus important de Thèbes, et par ailleurs l'une des principales figures du pays. Il a été nommé directement par Ramsès II, car en Égypte la religion est une affaire d'État, qui structure la vie à tous les niveaux : spirituel et moral bien sûr, mais aussi politique et économique.

La pensée pharaonique fait du roi le principal intercesseur entre le monde des dieux et celui des humains. À ce titre, Pharaon est lui-même de nature divine et il est par conséquent le seul être autorisé à se tenir auprès des dieux. L'iconographie s'en fait l'écho et le roi est toujours représenté seul accomplissant le rite sur les parois des temples, à de rares exceptions près. Pourtant, pour d'évidentes raisons matérielles, il délègue en fait cette mission – qu'on dirait aujourd'hui « de service public » – à des prêtres qui, chaque jour et dans tous les temples d'Égypte, officient en son nom.

Le bon accomplissement du rite permet la bonne marche du monde conformément à la Maât, cet ordre social et naturel dont le roi est le garant et que chaque Égyptien a pour objectif spirituel de respecter s'il veut accéder à la vie après la mort. Ainsi se perpétue éternellement le monde tel qu'il a été mis en place par les dieux à l'origine.

Mais la religion a aussi un aspect plus politique. Les centaines de dieux adorés dans les différents territoires qui composent l'Égypte ont chacun leurs temples et leur clergé, et le roi doit constamment s'assurer qu'ils le soutiennent. Certaines divinités sont devenues essentielles avec le temps, et leurs prêtres aussi : c'est le cas d'Amon-Rê, forme « nationale » de l'Amon thébain, c'est-à-dire célébrée sur tout le territoire égyptien, dont le clergé est à la tête d'une fortune colossale.

La richesse et le pouvoir de plus en plus affirmé des prêtres d'Amon-Rê à Thèbes expliquent sans doute au moins en partie la crise institutionnelle et religieuse de la fin de la XVIIIe dynastie que l'on connaît sous le nom de « période amarnienne ». Quelques décennies plus tôt, le roi Amenhotep IV avait changé de nom, devenant Akhénaton, « celui qui est utile à l'Aton », le disque solaire. Déplaçant la capitale en Moyenne Égypte sur le site actuel d'Amarna, Akhénaton y avait développé le culte de cette divinité directement visible et observable dans le ciel et de plus en plus exclusive, rejetant ainsi Amon – dont le nom signifie au contraire le « Caché » –, au point de finir par en faire marteler le nom et l'image dans toute l'Égypte.

Si beaucoup de détails nous échappent encore sur les conditions et les motivations de cette persécution du dieu Amon – qui s'étendit parfois à d'autres divinités –, elle constitua un traumatisme historique pour les Égyptiens du Nouvel Empire, qui y virent une forme d'hérésie émanant directement du pouvoir royal. En représailles, ceux-ci condamnèrent à l'oubli Akhénaton, en supprimant son nom des annales et en démantelant ses monuments. Dès Toutânkhamon, le propre fils d'Akhénaton, l'abandon de la nouvelle capitale au profit de Thèbes, la cité du dieu Amon, marqua le retour au culte traditionnel.

Les successeurs de Toutânkhamon, Aÿ et Horemheb, poursuivirent cette politique, le second s'en faisant même l'initiateur pour l'histoire. Après Horemheb, Ramsès Ier et surtout son fils Séthi Ier entreprirent de restaurer les innombrables monuments martelés à l'époque amarnienne : partout en Égypte on trouve ces dédicaces de restauration au nom du roi Séthi, qui se vante d'avoir rendu aux dieux leurs noms et leurs images.

La situation était donc déjà apaisée au début du règne de Ramsès II, mais celui-ci tire des leçons politiques de la crise amarnienne. Poursuivant l'œuvre de son père Séthi Ier, il privilégie durant son règne un « panthéon ramesside » resserré composé de quatre divinités majeures : Amon, Rê, Ptah, et Seth. Les trois premiers dieux sont des démiurges, créateurs du monde dans la tradition religieuse de trois des plus importantes villes d'Égypte, réparties sur l'ensemble du territoire : Thèbes, Héliopolis et Memphis. Seth apparaît pour sa part comme la divinité tutélaire de la dynastie, et peut-être aussi, par le biais de son association avec le Baâl levantin, dieu de l'orage qui partage avec Seth certains attributs et fonctions, comme un gage d'ouverture pour les Asiatiques d'Égypte, de plus en plus nombreux.

Il en résulte une forme d'équilibre savant qui vise à unifier le pays sur le plan religieux autant que politique, et même économique, et à prévenir ainsi une nouvelle crise : le clergé d'Amon, devenu très fortuné et très puissant, se voit ainsi contrebalancé par ceux d'autres grands dieux historiques qui sont débiteurs du pouvoir royal. Dans les faits, le domaine d'Amon demeure immensément riche, comme le montre le papyrus Harris I, qui donne le détail des biens relevant du domaine d'Amon sous Ramsès III, quelques décennies plus tard.

On y trouve par exemple des champs et des troupeaux de bétails répartis dans plusieurs régions d'Égypte, jusqu'au delta ; ceux-ci assurent des revenus réguliers et importants à l'institution à ceux qui la dirigent. À la fin de la XXe dynastie (env. 1069 av. J.-C.), la crise advient et le pouvoir des grands prêtres d'Amon est tel que certains défient la royauté se mette à gouverner de fait le sud du pays : on parle alors de « théocratie d'Amon », une concurrence que les rois de l'époque libyenne vont avoir le plus grand mal à juguler.

LA DIVINISATION DE RAMSÈS

Bakenkhonsou, pour sa part, est un fidèle serviteur de l'État et donc de Ramsès II. Toute sa carrière parle pour lui. Inscrit sur des statues qu'il a eu le privilège de pouvoir déposer dans des temples, son *curriculum vitae* est particulièrement impressionnant : après s'être aguerri dans les écuries de Menmaâtrê (Séthi Ier), il fut d'abord un simple « prêtre-pur » d'Amon pendant quatre ans – le « grade » le moins prestigieux –, puis gravit un à un les échelons au sein du clergé d'Amon.

Père divin pendant douze ans, il fut ensuite troisième prêtre d'Amon pendant quinze ans, puis deuxième prêtre d'Amon pendant douze ans et enfin grand prêtre d'Amon, pendant au moins vingt-sept années. Soutien inconditionnel du pouvoir royal, le grand prêtre a aussi encouragé un autre aspect remarquable de la religion sous Ramsès II : la divinisation du roi de son vivant.

Certes, selon l'idéologie pharaonique, Pharaon est de nature divine, mais au Nouvel Empire, l'élite égyptienne se rend bien compte que la fonction est occupée par un homme mortel, dont l'ascendance divine est surtout métaphorique. Successeur d'Horus sur le trône d'Égypte, la rhétorique religieuse considère le roi à la fois comme le « fils de Rê », celui d'Amon bien sûr, mais aussi de toute autre divinité exigée par les circonstances.

C'est surtout à la mort du roi que celui-ci devient pleinement un dieu aux yeux des Égyptiens ; on lui consacre alors un culte funéraire qui traverse souvent bien des siècles. Les temples dits « des millions d'années », qu'ont érigés la plupart des pharaons du Nouvel Empire sur la rive ouest de Thèbes, en sont le lieu privilégié.

La divinisation de Ramsès se fait largement de son vivant et prend des formes atypiques. Elle n'est pas seulement le produit de l'idéologie pharaonique, mais aussi la conséquence logique d'un règne particulièrement long. Compte tenu de l'espérance de vie moyenne d'un Égyptien de l'époque, bien plus faible qu'aujourd'hui, la proportion de la population qui ne connut aucun autre roi que Ramsès II fût sans doute extrêmement élevée.

On imagine à quel point la mort du souverain à quatre-vingt-neuf ans a marqué ses contemporains.

Ramsès eut ainsi le temps de célébrer quatorze fêtes-*sed*, ces jubilés royaux à l'occasion desquels on renouvelle symboliquement le pouvoir du pharaon régnant. La première fête-*sed* n'intervient théoriquement qu'au bout de trente ans de règne, ce que peu de rois arrivent à atteindre. Les suivantes sont célébrées à des intervalles plus ou moins réguliers qui se réduisent à quelques années et dont la fréquence semble augmenter sous Ramsès II à mesure que le roi vieillit.

La période de paix qui caractérise la majeure partie de son règne assure à Ramsès II le temps, les ressources et la main-d'œuvre indispensable pour mettre en place un programme religieux et architectural d'une ambition inégalée. L'une des régions où il construit le plus est la Nubie. On y trouve notamment les temples d'Abou Simbel, mais aussi, de Derr, du Ouadi es-Séboua et de Gerf Hussein, qui sont d'abord les marqueurs bien visibles de l'occupation égyptienne du pays de Kouch. Ils jouent aussi un rôle spécifique dans la divinisation du roi.

Dans ces temples en effet, aux côtés des principales divinités d'Égypte ou de dieux locaux, le culte est rendu à des formes divinisées de Ramsès par Ramsès lui-même. Le roi présente ainsi des offrandes à son propre double divin auquel il demande les mêmes contreparties qu'aux autres dieux, c'est-à-dire la vie, la prospérité et la santé. Les précédents sont rares mais Ramsès s'inspire ici directement d'Amenhotep III, qui avait fait de même dans les temples de Soleb et Sedeinga, préfiguration du double temple d'Abou Simbel. Chaque roi dédie aussi l'un de ses temples à sa grande épouse royale, qui se trouve également divinisée : à Abou Simbel, le petit temple assimile ainsi la reine Néfertari à la déesse Hathor.

Ramsès imite à nouveau Amenhotep III lorsqu'il encourage le culte rendu à sa propre image, sous la forme de statues colossales dotées de noms propres personnels formés à partir du nom de Ramsès, tel que « Ramsès-Aimé d'Amon, Soleil des Princes ». À défaut de pouvoir accéder facilement au roi lui-même, on en appelle à ses manifestations monumentales en leur consacrant de petites stèles et des offrandes. Des rites sont célébrés devant ces images divines. À Pi-Ramsès, ce sont surtout des soldats qui adorent au moins quatre colosses du roi ; une cinquantaine de stèles en témoignent. À Thèbes, certaines statues du temple de Louqsor, mais surtout le colosse de la première cour du Ramesseum, le temple funéraire du roi sur la rive ouest de Thèbes, font aussi l'objet de ce culte populaire.

Ce dernier, sculpté dans un monolithe de granite rose d'Assouan, mesurait une quinzaine de mètres et représentait le roi assis sur son trône, les mains posées sur les genoux. Sa renommée a traversé les siècles puisqu'il est décrit avec admiration par plusieurs auteurs grecs – notamment Diodore de Sicile –, avant que ses ruines ne deviennent une icône romantique sous la plume du poète britannique Percy Shelley[1] :

J'ai rencontré un voyageur venu d'une terre antique
Qui m'a dit : « Deux jambes de pierre immenses et
sans tronc
Se dressent dans le désert. Près d'elles, sur le sable,

1. P. B. Shelley, « Ozymandias », 1818, trad. F. Rabbe, *Œuvres poétiques complètes de* Shelley, III, Paris, Stock, 1907-1909, p. 29.

À moitié enfoncé, gît un visage brisé dont le froncement de sourcil,

Et la lèvre plissée, et le ricanement de froid commandement
Disent que le sculpteur sut bien lire les passions
Qui survivent encore, empreintes sur ces choses sans vie
À la main qui les imita et au cœur qui les nourrit. »

Et sur le piédestal apparaissent ces mots :
« Mon nom est Ozymandias, Roi des Rois.
Regardez mes œuvres, ô puissants, et désespérez ! »

Il ne reste rien à côté. Autour de la ruine
De ce colossal débris, sans limites et nus,
Les sables étendent au loin leur niveau solitaire

Symbole de la vanité des puissants vaincue par le passage du temps, le colosse du Ramesseum n'en reste pas moins l'illustration du sens de la démesure de Ramsès II.

LE ROI BÂTISSEUR

Si chaque pharaon a fait construire de nouveaux monuments à sa propre gloire et à celle des dieux d'Égypte, Ramsès II est l'archétype du roi bâtisseur dont l'activité a durablement marqué le Double Pays et façonné durablement ses paysages. À Thèbes-est, c'est principalement dans temples de Karnak et de Louqsor que des milliers d'ouvriers, d'artisans et d'artistes, ont exercé leurs talents.

À Karnak, Ramsès II a d'abord poursuivi les travaux entamés par son père Séthi Ier. Celui-ci avait lancé en son temps la construction de la grande salle hypostyle, située entre les actuels IIe et IIIe pylônes, ces portes monumentales encadrées par deux massifs de pierre qui marquent l'entrée des temples. Ramsès II fait terminer cette salle remplie de colonnes, ajoutant son nom à celui de son père. La décoration de moitié sud de la salle, en particulier, laissée inachevée par Séthi Ier, est complétée par Ramsès II dans les dix premières années de son règne, dont les travaux à Karnak ne s'arrêtent pas là.

Il fait aussi élever de grands colosses à son image devant le IIe pylône, qui à l'époque correspond à la façade occidentale du temple d'Amon. Sur ce qui n'est alors qu'un parvis, devant le IIe pylône, Ramsès fait disposer une allée d'une centaine de criosphinx – des lions à tête de bélier – qui sera déplacée plus tard. Chaque statue le représente entre les pattes antérieures de l'animal, associé à une inscription qui le place sous la protection d'une divinité.

Les parois laissées vides des règnes précédents, comme celles situées à l'extérieur du mur sud de la salle hypostyle ou du mur occidental de la « Cour de la Cachette », accueillent des reliefs historiques, narrant les exploits accomplis par Ramsès II au cours de ses campagnes militaires, à Qadech et ailleurs ; d'autres reliefs, celles qu'il fait graver sur la face externe des murs du Karnak de l'époque de Thoutmosis III, représentent des scènes rituelles, où on peut voir le roi qui rend hommage à des divinités.

À Louqsor, Ramsès II ajoute à l'œuvre d'Amenhotep III une immense avant-cour entourée de colonnes et précédée d'un pylône monumental. Dans l'angle nord-ouest de cette nouvelle cour, un petit temple qui sert à accueillir les barques sacrées des dieux est construit. La face externe du pylône est ornée de reliefs qui racontent la Bataille de Qadech.

À l'intérieur et à l'extérieur de la cour, Ramsès II fait ériger une vingtaine de statues royales colossales et deux obélisques en granite rose d'Assouan, dont l'un viendra orner presque trois millénaires plus tard la Place de la Concorde à Paris : savoureuse ironie de l'histoire, le monument à la gloire de Ramsès II, « roi des rois », est élevé là même où la France révolutionnaire a fait guillotiner Louis XVI.

LE RITUEL DU CULTE DIVIN JOURNALIER

Bakenkhonsou écoute les architectes et les sculpteurs avec la plus grande attention. Le cumul des fonctions n'a rien d'inhabituel pour les hauts dignitaires égyptiens mais il arrive qu'il entraîne quelques complications d'emploi du temps, du moins lorsqu'il n'est pas purement honorifique.

Comme Bakenkhonsou prend très au sérieux ses responsabilités de chef des travaux, quelques heures auparavant, il a dû renoncer à participer lui-même au rite qui se déroule chaque matin dans le temple d'Amon. Exceptionnellement, c'est l'un de ses collègues du clergé qui l'a donc remplacé devant la statue du dieu.

La partie dédiée au culte du temple égyptien, l'axe central, est construite en pierre car elle est faite pour durer. C'est cette partie qui a survécu le mieux aux affres du temps. Tout au fond, le sanctuaire, renferme l'image du dieu, c'est-à-dire sa statue de culte. Celle-ci est probablement faite en bois doré et peint ou dans des matériaux prestigieux, comme l'or et l'argent, ce qui explique qu'aucun exemplaire identifié avec certitude ne nous soit parvenu. La plupart ont été pillées, détruites ou refondues, parfois même dès l'Antiquité.

Comme la majeure partie du temple, le sanctuaire n'est accessible qu'au clergé ; seule la première cour est susceptible d'accueillir des fidèles à certaines occasions, ou de recevoir des statues de particuliers ayant obtenu cet immense privilège, qui leur permet notamment de bénéficier des offrandes du temple, redistribuées après avoir été « consommées » symboliquement par la principale divinité tutélaire du lieu et, bien souvent, des dieux et déesses secondaires qui y sont aussi célébrés.

Chaque matin, en effet, dans chaque temple où se trouve une statue de culte, un prêtre joue le rôle de pharaon et commence le « rituel du culte divin journalier ». Ce dernier nous est connu par une série de reliefs sculptés sur les parois du temple de Séthi Ier à Abydos et par d'autres versions sur papyrus à peu près contemporaines. La liste précise et l'ordre des actions accomplies par le prêtre varient selon les sources mais on peut la résumer ainsi.

Après des purifications préliminaires, le prêtre de service brise le sceau du verrou posé sur la porte de la petite chapelle dans laquelle se trouve l'image du dieu : le *naos*. Il en ouvre ensuite les battants en bois et se prosterne devant la divinité, puis donne la vie à la statue. Celle-ci n'est pas seulement une représentation de la divinité mais bien un réceptacle de celle-ci : la statue *est* la divinité. Le prêtre referme ensuite le *naos*, quitte un instant la pièce, revient, l'ouvre à nouveau et se prosterne une deuxième fois devant le dieu. Suivent une série d'offrandes que l'on présente à la statue, incluant notamment celle de la Maât sous la forme d'une statuette à l'effigie de la déesse éponyme, ornée de sa plume emblématique, ainsi que divers aliments. Puis le dieu est purifié, habillé, fardée, huilée et parfumée. Enfin, après d'ultimes purifications, la porte du *naos* est fermée et scellée à nouveau jusqu'au lendemain.

Chaque action est codifiée et implique des gestes et des formules précises, rien n'est laissé au hasard. Pendant tout le processus, la statue reste dans la partie la plus sombre du temple. Elle n'en sort que rarement, à l'occasion de fêtes durant lesquelles elle est posée sur une barque sacrée, elle-même portée en procession jusqu'à d'autres sanctuaires.

LES FÊTES RELIGIEUSES

À Thèbes, les deux fêtes principales sont la « fête d'Opet » et la « Belle fête de la vallée ». La première voit la statue d'Amon-Rê, ainsi que celles de son épouse Mout et de son fils Khonsou, quitter l'enceinte sacrée de Karnak pour se rendre au temple voisin de Louqsor, qui est en fait un gigantesque reposoir en forme de barque, entièrement conçu à cet effet. Dans le pays du Nil, la barque est le moyen de transport privilégié des hommes, mais aussi des dieux. La barque d'Amon-Rê est faite en cèdre – importé de la côte levantine à grands frais – et mesure plusieurs dizaines de mètres de long. Sa proue est ornée d'une tête de bélier, l'animal sacré du dieu.

Les barques divines sont toutes richement décorées et dotées d'une cabine centrale qui adopte la forme d'un *naos* : c'est là que se trouve la statue du dieu lors de ses sorties, toujours dissimulée aux regards. La Belle fête de la vallée a une connotation plus funéraire : Amon-Rê et sa famille divine quittent Karnak pour traverser le Nil et visiter les temples mémoriaux de la rive occidentale, celle des morts. La barque sacrée est donc posée pour l'occasion sur une véritable barque.

Pour la population, ces fêtes permettent d'oublier pendant quelques jours un quotidien difficile et d'apercevoir de loin le roi, qui exceptionnellement quitte sa résidence, à Pi-Ramsès, et se rend dans le Sud pour y participer. Certains jours sont chômés et les cérémonies officielles se doublent de festivités plus populaires. Les grandes fêtes du calendrier égyptien ont des justifications religieuses mais servent aussi la propagande royale. Leur déroulement sans accroc et le faste déployé sont un moyen d'exhiber la richesse du pays, qui découle en dernier lieu de sa bonne administration par Pharaon, secondé par les dieux.

L'organisation des fêtes elles-mêmes fait partie des missions du roi, garant de la Maât. On les anticipe très longtemps à l'avance pour pouvoir renouveler le mobilier liturgique le cas échéant, et préparer les innombrables offrandes dont on retrouve les listes sur les parois des temples et sur les papyrus de l'époque. Aux grandes fêtes auxquelles participe le pouvoir central dans les principales villes du pays, on peut ajouter d'autres célébrations plus locales, propres à un nome, une ville, une divinité.

Chaque Égyptien voit ainsi sa vie rythmée par ces évènements conviviaux qui interviennent très régulièrement. Mais à côté de ces manifestations collectives, l'individu a aussi son mot à dire en matière de religion, particulièrement à l'époque ramesside.

VERS UNE PIÉTÉ PERSONNELLE ?

Bakenkhonsou en sait quelque chose. Son nom signifie « le serviteur de Khonsou », un anthroponyme prédisposé pour le membre le plus haut placé du clergé thébain : Khonsou est le fils du dieu Amon et de son épouse Mout. Les noms sont souvent théophores en Égypte et ce n'est pas anodin : on place ainsi sous la protection d'une divinité l'individu pour toute sa vie. Il s'agit souvent d'un dieu local, ce qui fait de l'étude des anthroponymes un bon indice pour déterminer, par exemple, la provenance perdue d'un objet inscrit du nom de son propriétaire. Certains noms sont cependant si communs à l'échelle de l'Égypte que cet indice est souvent loin d'être suffisant.

La circulation des individus au sein même de l'Égypte à l'époque de Ramsès II, qui s'intensifie, en nuance également la pertinence. On peut effet choisir de faire référence à une divinité de la région d'origine de sa famille, ce qui brouille encore les pistes. Mais l'anthroponymie n'est qu'une l'une des manifestations les plus anciennes et les plus courantes d'un phénomène qui prend une ampleur particulière à l'époque ramesside, et que les égyptologues ont coutume d'appeler la « piété personnelle ».

Celle-ci s'exprime sous des formes variées qui toutes témoignent d'une volonté, de la part des individus, de se rapprocher du divin. La plupart du temps enfermés dans leurs temples et inaccessibles au commun des mortels, les dieux semblent en effet bien éloignés des préoccupations quotidiennes des Égyptiens. Déjà, depuis la XVIIIe dynastie, ces derniers s'adressent de plus en plus directement aux divinités, ce qui conduit à l'élaboration de nouvelles formes, plus empathiques et plus à l'écoute, des principaux dieux et déesses du panthéon. Sous Ramsès II, ce phénomène s'amplifie.

On se met ainsi à invoquer « Amon-juge-du-pauvre », sorte de vizir du monde divin apte à trancher les litiges, qui peuvent paraître trop triviaux à son cousin austère, le très officiel « Amon-Rê, roi des dieux ». Le culte des plus grandes statues à l'effigie de Pharaon, les colosses royaux que l'on trouve dans toute l'Égypte, illustre aussi cette volonté d'accéder directement à des divinités visibles et incarnées, donc potentiellement plus efficaces. Les prières inscrites sur les stèles se font progressivement plus précises et personnelles dans leurs revendications et on grave de plus en plus, sur certains de ces monuments, des oreilles – dans les cas extrêmes, elles recouvrent toute la stèle – qui matérialisent la capacité d'écoute de la divinité.

La piété personnelle se manifeste aussi à travers le développement à l'époque ramesside des pratiques oraculaires. À l'occasion des fêtes qui amènent les divinités à sortir de leurs sanctuaires, portées en procession et suivies par la foule en liesse, les statues doivent répondre à des questions en choisissant entre deux options inscrites sur des *ostraca* disposés devant elles. La divinité sollicitée est alors dans sa barque sacrée, portée par des prêtres, et son choix prend la forme d'un mouvement vers l'avant ou vers l'arrière, un procédé qui laisse imaginer bien des abus. La légitimité conférée par le choix divin est en effet particulièrement difficile à contester.

Dans une certaine mesure, le rôle d'intermédiaire entre le monde des dieux et celui des hommes, confié à Pharaon, se trouve amoindri par ces nouvelles pratiques religieuses. Toutefois le pouvoir royal, aidé du clergé, y est très attentif et veille à les intégrer pleinement dans la religion « officielle ». Avec le temps, certains oracles seront ainsi affichés publiquement dans les temples, les décisions divines justifiant et appuyant des choix politiques.

Quant aux blocs de grès dont Bakenkhonsou préside le débarquement en grande pompe ce matin, ils sont justement destinés à consolider un édifice que le roi lui a demandé de construire, voilà déjà plusieurs années à l'est du grand temple d'Amon à Karnak. Ce nouveau temple, adossé au sanctuaire principal, est ouvert vers la ville de Thèbes proprement dite qui s'étend vers l'est. Dédié à « Ramsès l'aimé-d'Amon-qui-écoute-les-prières », il se veut plus facilement accessible que les traditionnels lieux de culte.

C'est d'ailleurs là que Bakenkhonsou lui-même a choisi de déposer l'une de ses statues, gravée d'un long texte autobiographique où le prêtre raconte sa carrière.

LE MONDE DE L'AU-DELÀ

Dans ses textes autobiographiques, Bakenkhonsou insiste sur le respect absolu de la Maât dont il a fait preuve toute sa vie. Son comportement exemplaire doit lui valoir d'être accepté, après être passé en jugement devant Osiris, le dieu des morts, dans l'au-delà égyptien. Il y vivra alors pour l'éternité dans un monde très proche de celui qu'il a connu avant sa mort, mais où règnent l'abondance et la sérénité.

Les croyances funéraires des anciens Égyptiens sont restées remarquablement constantes au cours du temps. Au Nouvel Empire, elles sont sensiblement les mêmes qu'auparavant, si ce n'est que certains témoignages laissent penser qu'au sein de l'élite, on prône parfois une forme de *carpe diem* qui s'affiche ostensiblement dans certaines chapelles funéraires.

Fréquentés par les vivants venus rendre hommage au défunt et célébrer son culte, ces espaces sont parfois décorés d'un harpiste dont le chant développe une vision pessimiste de l'Au-delà, insistant par contraste sur les plaisirs de la vie terrestre et engageant le visiteur à en profiter. Cette philosophie, bien attestée à l'époque ramesside, émane cependant d'une minorité privilégiée qui n'hésite pas à consacrer d'importants moyens à la préparation de son devenir funéraire.

Bakenkhonsou appartient peut-être à cette catégorie d'amoureux de la vie ici-bas. Alors que l'on commence enfin à décharger les pierres, le regard du grand prêtre se perd vers l'ouest, de l'autre côté du fleuve. C'est la rive des morts, là où se trouvent les temples funéraires des rois du Nouvel Empire et leurs tombes, dans la Vallée des Rois. D'autres nécropoles abritent les sépultures des nobles thébains et parmi elles, la tombe du grand prêtre. Bakenkhonsou a choisi un emplacement qui lui permettra de rester proche de Ramsès II, même dans la mort.

Il n'a pas lésiné sur les moyens, et sa dernière demeure est le reflet du statut social qu'il occupe de son vivant. Il en va de même du riche mobilier qui l'accompagnera ; il a été commandé longtemps auparavant, et pour l'essentiel il est déjà prêt. Ses cercueils de bois et son sarcophage de pierre, bien sûr, mais aussi des dizaines de *chaouabtis*, de délicates figurines en bois peint inscrites à son nom. Ce sont des serviteurs qui le remplaceront dans les difficiles travaux des champs qui existent toujours dans l'au-delà.

Le grand prêtre emmènera aussi quelques objets personnels auxquels il est particulièrement attaché, ainsi qu'un exemplaire personnalisé du *Livre pour sortir au jour* – le nom égyptien du « Livre des morts » –, compilé par les meilleurs scribes de Thèbes. Ce rouleau de papyrus contient des dizaines de formules – ou chapitres – destinés à guider le défunt pour qu'il accède à l'au-delà, après toute une série d'épreuves dont la plus emblématique est celle de la « psychostasie », la pesée du cœur durant laquelle on vérifie que les actions du mort ont été conformes à la Maât : si le cœur est plus léger que la plume qui représente la déesse et l'ordre social et naturel qu'elle incarne, alors le défunt peut accéder à sa nouvelle vie ; sinon, la Dévoreuse, un monstre hybride mélangeant hippopotame, lion et crocodile, l'avale.

Pour l'heure, Bakenkhonsou doit abandonner ses rêveries funéraires. Il est bientôt midi et il est donc temps de faire une pause pour les ouvriers et les serviteurs, qui n'ont rien mangé depuis plusieurs heures. Déjà, les paysans qui cultivent les champs au bord du

Nil ont interrompu leur travail. Le grand prêtre pour sa part, est satisfait des explications fournies par les architectes et les autres spécialistes.

Il ne pense qu'à une chose, s'abriter à l'ombre du temple d'Amon.

Chapitre III

Midi sur la rive ouest

De l'autre côté du Nil, le scribe de la tombe Qenherkhepechef a également décidé d'interrompre le travail, en accord avec le chef d'équipe. Il fait trop chaud dans la Vallée des Rois à présent que le soleil est à son zénith. Les hommes de l'équipe de droite, qui travaillent depuis quatre heures, sortent un à un des entrailles de la montagne thébaine, pleins de sueur, de poussière et de suie.

Ils participent à l'un des multiples chantiers titanesques qui caractérisent le règne de Ramsès II, le creusement et la décoration d'une tombe, connue aujourd'hui sous le nom de « KV 5 ». Ce dédale souterrain, unique en son genre, comprend plus de cent salles : il est destiné aux fils du roi, très nombreux, et dont beaucoup ne survivront pas à leur père.

La tombe de Ramsès lui-même, située dans la Vallée des Rois comme le veut la tradition depuis près de trois siècles, est déjà prête depuis longtemps. Le chantier a été lancé dès la première année du règne, à peu près en même temps que celui du Ramesseum, le temple funéraire du roi. Ces deux constructions sont en effets indispensables à la vie après la mort du souverain.

La tombe accueille la dépouille du pharaon et son programme décoratif assimile le défunt à Osiris et Rê, assurant ainsi sa renaissance à l'issue d'un voyage comparable à celui du dieu solaire. Le Ramesseum est le « temple des millions d'années » de Ramsès II, où l'on célébrera son culte funéraire, en lui consacrant quotidiennement des offrandes.

« LA TOMBE »

Qenherkhepechef connaît bien le Ramesseum. Il s'est souvent arrêté devant le Ier pylône, pour s'y imprégner du récit de la Bataille de Qadech qui y est gravé. C'est un texte qui lui plaît tout particulièrement, et qu'il a copié à deux reprises sur papyrus. En tant que scribe, ce qui est plutôt une bonne situation, il fait partie des membres les plus importants de la communauté de Deir el-Médina et il est donc l'un des interlocuteurs privilégiés des autorités pour tout ce qui concerne le village des artisans.

Ce village, que les Égyptiens appelaient « la Place de Maât », fut fondé au début de la XVIIIe dynastie par le pouvoir pharaonique, à une époque où Thèbes était encore la capitale politique, et juste après le choix de la Vallée des Rois comme nouvelle nécropole royale. Toutefois son fonctionnement est mieux connu sous les XIXe et XXe dynasties, car la documentation qui en provient date majoritairement de cette époque. Au début de la XIXe dynastie, le village est agrandi. Le cimetière qui lui est associé, et où les artisans se font inhumer, témoigne d'une activité qui s'intensifie.

Sous Ramsès II, son administration est organisée depuis le Ramesseum, qui a notamment pour mission d'approvisionner Deir el-Médina en vivres et en eau, ainsi que de fournir divers services aux artisans pour qu'ils se consacrent à leur tâche la plus importante : creuser et décorer les tombes commandées par le roi sur la rive ouest, dans la Vallée des Rois mais aussi dans la Vallée des Reines. L'institution qui gère le village et coordonne les différents chantiers en cours est appelée « la Tombe ».

DEIR EL-MÉDINA : UNE VIE AU SERVICE DE PHARAON

La vie à Deir el-Médina est particulière à plus d'un titre. Les artisans exercent un métier difficile mais correspondent avec leurs familles à un groupe social privilégié, car placé sous la tutelle directe du vizir. Leurs besoins sont entièrement pris en charge par l'État : quelques dizaines de pêcheurs, de porteurs d'eau, de potiers ou encore de blanchisseurs sont ainsi désignés pour y subvenir. Des terres sont aussi mises en culture au bénéfice de la communauté de Deir el-Médina. Les différents produits dont celle-ci a besoin sont livrés au nord du village, là où se trouvent un poste de contrôle et des magasins de stockage. On y apporte également des outils neufs ou des matières premières, telles que du bois de chauffage ou du plâtre.

Les annexes du Ramesseum, qui témoignent du rôle économique du temple, et dont les structures en briques crues sont exceptionnellement bien préversées, sont aussi mises à contribution, en particulier pour les livraisons de céréales. Dans un monde ou la monnaie n'existe pas encore, celles-ci servent de salaire aux artisans. Certains produits sont livrés chaque jour, comme les mèches utilisées dans les lampes à huiles, qu'il faut changer très régulièrement.

Les habitants de Deir el-Médina vivent ainsi dans une relative autarcie et sont dépendants de cet approvisionnement. Tout retard dans les livraisons – et ils sont nombreux – entraîne du mécontentement qui, dans les périodes les plus troublées sur le plan politique et surtout à la XXe dynastie, peut aller jusqu'à de véritables grèves.

Comme toujours en Égypte, ce fonctionnement complexe se traduit par une activité bureaucratique intense. Toutes les entrées et sorties de biens ou de personnes sont consignées par les scribes du village d'abord sur ostraca, puis sur papyrus, notamment dans ce qu'on appelle de nos jours le « Journal de la Nécropole », dont l'importance est capitale pour les égyptologues car il mentionne aussi des faits historiques majeurs, tels que la mort d'un roi ou la visite d'un vizir.

Assis à proximité de la tombe des fils de Ramsès, Qenherkhepechef est responsable de la distribution du repas de midi. Sur la liste de présence qu'il a rédigée le matin même, il ajoute une marque en face du nom de l'artisan qui reçoit son dû. L'appel fait partie des nombreuses tâches administratives que Qenherkhepechef doit assumer au quotidien.

Les absents sont souvent nombreux, avec des motifs très variés : les uns sont malades ou ont la gueule de bois, d'autres restent avec leurs femmes en période de menstruations. Certains ont été affectés à d'autres tâches pour la journée, au village ou sur des chantiers privés car le vizir n'hésite pas à recourir au service de ces artisans qualifiés pour sa propre tombe.

La lettre que Khay a reçue à Assouan fait d'ailleurs allusion à l'un de ces petits arrangements, que Qenherkhepechef a volontiers accepté, car il espère en tirer avantage dans un avenir proche.

À la XIXe dynastie, la communauté de Deir el-Médina compte environ soixante artisans, auxquels il faut ajouter leurs familles et des gardiens, ce qui représente quelques centaines de personnes. Les soixante artisans sont divisés en deux équipes dites « de droite » et « de gauche » – l'égyptien a en fait recours à une métaphore nautique et utilise le terme « équipage ». Chaque équipe est composée d'une trentaine d'hommes.

Elle est placée sous l'autorité d'un chef d'équipe doublé d'un suppléant, tandis que le scribe est commun aux deux équipes mais peut se reposer sur des assistants. Les équipes sont composées de plusieurs spécialistes appartenant à différents corps de métiers : dessinateurs-peintres, sculpteurs, tailleurs de pierre, carriers, maçons ou plâtriers. Certains cumulent plusieurs rôles. On trouve dans chaque équipe des artisans confirmés et des apprentis, qui souvent sont formés au métier de leur père.

Les familles du village de Deir el-Médina se marient entre elles, ce qui rend particulièrement complexe la généalogie locale. On porte alors souvent les mêmes prénoms d'une génération sur l'autre et malgré – ou à cause de – la documentation très abondante à disposition, même les égyptologues spécialisés ont parfois du mal à identifier les différents protagonistes de tel ou tel événement.

Les Égyptiens semblent avoir rencontré des difficultés comparables puisque les scribes du village utilisent parfois des surnoms ou précisent la filiation des homonymes pour mieux les distinguer. Il arrive que la communauté accueille de nouveaux membres, qui peuvent alors venir de toute l'Égypte. Les parents de Qenherkhepechef, par exemple, ne semblent pas avoir vécu dans le village. Son adoption par le précédent scribe de la Tombe, Ramosé, lui a permis de s'intégrer et de découvrir une profession. L'étude des anthroponymes à Deir el-Médina révèle aussi que certains membres de la communauté avaient des origines étrangères.

DANS UNE MAISON DE DEIR EL-MÉDINA

En l'absence de l'équipe de droite, les artisans de l'équipe de gauche, les femmes, les enfants et les personnes âgées sont au village, et consacrent leur temps à diverses occupations. Le village de Deir el-Médina, entouré par une enceinte, est partagé en deux par une rue centrale qui suit l'axe nord-sud. De part et d'autre de cette rue, des maisons ont été retrouvées qui nous permettent d'avoir un aperçu de l'urbanisme égyptien à l'époque ramesside, assez mal connu par ailleurs.

Chaque famille occupe une maison qui lui est attribuée par l'administration de la Tombe. Chaque habitation abrite plusieurs générations et une fois de plus, il est difficile de savoir à quel point elles sont représentatives de l'habitat moyen ramesside.

Les murs des maisons ont des assises en pierre mal dégrossies, surmontées de briques crues et recouverts de *mouna*, un mortier à base de limon du Nil et de paille qui sert à consolider l'ensemble. Les toits sont en feuilles de palmiers liées à la *mouna* et supportées par des colonnettes en bois. Les sols sont en terre battue, parfois recouverts de nattes en fibres végétales.

L'usage de la brique crue dans l'architecture égyptienne, depuis le début de l'époque pharaonique et jusqu'à nos jours, permet de fabriquer des bâtiments parfaitement adaptés au climat local, qui apportent de la fraîcheur en été et de la chaleur en hiver. Il permet aussi de réduire les coûts puisque la fabrication de ces briques ne nécessite qu'un peu de terre et de paille, des matériaux très faciles à trouver et qu'il suffit ensuite de former et de faire sécher au soleil.

Les maisons de Deir el-Médina adoptent un plan très simple : elles consistent en trois ou quatre pièces rectangulaires disposées en enfilade. Le linteau qui surmonte la porte d'entrée en bois donne le nom du propriétaire de la maison. Une fois franchi le seuil, on entre dans une première salle dotée d'une sorte de petit autel et dont les murs sont creusés de niches. Les fouilles archéologiques laissent penser que cette pièce servait notamment de lieu de culte à des divinités protectrices du foyer telles que Bès, ce nain grimaçant à la chevelure léonine, très populaire et réputé prendre soin des femmes enceintes et des enfants en bas âge. La seconde salle est la principale : couverte d'un toit, elle sert de lieu de vie et on y stocke les effets personnels des différents membres de la famille.

Ensuite, un couloir mène à un escalier qui permet de monter sur la terrasse. Plus loin, au fond de la maison, se trouve une autre pièce dont la fonction précise n'est pas déterminée et enfin la cuisine, tout équipée et à ciel ouvert : elle comprend tout le nécessaire pour fabriquer du pain, de la meule au four, ainsi que de petites structures de stockage. Certaines maisons sont aussi dotées de caves creusées dans le sol.

Dans les maisons on ne trouve que peu de meubles. De simples chaises et des tabourets à quatre ou trois pieds sont bien attestés, mais on s'assoit aussi volontiers par terre, à même le sol ou sur des nattes. Un certain nombre de lits nous sont parvenus, souvent accompagnés d'appuie-tête. Les effets personnels des différents membres de la famille sont entreposés dans de petits coffres en bois, stuqués et peints pour les plus sophistiqués, mais aussi dans des paniers de tailles et de formes variables posés sur des patins en bois.

DU PAIN ET DE LA BIÈRE

Les artisans de l'équipe de droite sont fatigués par neuf jours de travail consécutifs. Ils prennent leur temps pour manger car la semaine touche à sa fin et le lendemain sera jour de congé. Le déjeuner, frugal, se compose de pain, de poisson, d'un peu de bière et de quelques fruits. Cet après-midi, il est prévu de retourner jusqu'à la « station du col » et d'y faire étape pour vérifier l'état des outils et faire le point sur l'avancement du chantier.

Cet endroit, situé entre la Vallée des Rois et le village, sert de campement intermédiaire aux artisans. Ils peuvent y passer la nuit dans des abris construits « en dur », ce qui leur permet de limiter les allers-retours au village en période de travail. Qenherkhepechef y possède même un siège en calcaire inscrit à son nom.

La documentation de Deir el-Médina – qu'il s'agisse des textes mentionnant des produits alimentaires ou de la nourriture retrouvée dans les tombes – montre que les artisans et leurs familles avaient une alimentation plutôt riche et variée. Celle-ci n'est toutefois pas forcément représentative de ce que mangeait la population égyptienne moyenne à la même époque. La livraison régulière de vin par exemple, un produit relativement luxueux qui provient en l'occurrence parfois des meilleurs vignobles de la région thébaine, est révélatrice des privilèges de la communauté des artisans.

Le pain et la bière sont les aliments de base en Égypte : ils viennent d'ailleurs en tête dans les formules d'offrandes et sont élaborés à partir de céréales courantes telles que l'orge et le blé amidonnier. La bière commune est peu alcoolisée et sans doute assez épaisse et nutritive. Le poisson, qu'on trouve facilement dans le Nil, est aussi consommé en grandes quantités. Du côté des légumes, on mange de la laitue, des concombres, des poireaux, des courges, des oignons, des lentilles et des fèves. Les fruits les plus courants sont des dattes, des figues, du raisin et les noix du palmier doum.

L'archéologie a permis de mettre en évidence que la viande de porc était régulièrement consommée en Égypte, alors qu'elle est quasi-absente des listes d'offrandes, comme l'est aussi le poisson. Cela s'explique sans doute par des tabous religieux, et parce que les dieux et les morts méritent des aliments de meilleure qualité, tels que la volaille ou la viande de bovidé. Ces derniers ne sont qu'occasionnellement au menu, surtout les pièces de bœuf, que l'on réserve aux jours de fêtes.

Le sel et le miel sont les deux principaux produits qui permettent de conserver les aliments plus longtemps. La viande est parfois séchée, tandis qu'on fait des conserves de poissons et de volailles en saumure. Il faut noter aussi que le régime de la population varie probablement selon les territoires, du moins si l'on se fie aux sources plus tardives : on constate que les interdits alimentaires sont alors nombreux ; ils découlent de croyances locales sur lesquelles beaucoup de choses nous échappent pour l'époque ramesside.

CULTE DES ANCÊTRES ET QUESTIONS POSÉES AU DIEU

Même si elle découle en partie du caractère atypique de ce village, la diversité des pratiques religieuses de Deir el-Médina et des divinités que l'on y rencontre est une bonne illustration de la nature fondamentalement protéiforme de la religion polythéiste à l'époque pharaonique en général, et ramesside en particulier.

Les artisans et leurs familles rendent hommage à de nombreux dieux. À côté d'Amon-Rê et de certaines divinités majeures telles que la déesse Hathor, qui protège la nécropole thébaine, la déesse Maât, qui donne son nom au village, ou Ptah, patron des artisans, on trouve tout un panthéon local et original. Les multiples formes prises par le phénomène de la piété personnelle sont particulièrement bien représentées à Deir el-Médina et dans la partie nord du site, où des chapelles témoignent de la dévotion des habitants.

Le village a ainsi livré quantité de monuments dédiés à Méretseger, « Celle-qui-aime-le-silence », la déesse serpent qui vit dans la Montagne thébaine surplombant le site. On adore aussi une forme locale d'Amon dit « de-la-Belle-Rencontre », au village et dans la « station du col ». Des divinités d'origine étrangère, telles que la déesse Astarté ou le dieu Réchep, ont fait leur chemin jusqu'à Deir el-Médina. Très apprécié localement, le dieu Ched, aux flèches guérisseuses, lui aussi importé du Levant, fusionne avec la forme enfantine d'Horus, pour une efficacité plus grande lorsqu'il est convoqué dans son rôle de médecin.

À Deir el-Médina on rend aussi un culte au roi Amenhotep Ier et à la reine Ahmès-Néfertary. Le souverain du début de la XVIIIe dynastie et sa mère passent en effet pour être les fondateurs du village, qui se trouve ainsi placé sous leur protection. Les stèles consacrées à ces personnages divinisés sont très nombreuses et les habitants de Deir el-Médina célèbrent chaque année des fêtes qui leur sont propres. Amenhotep Ier divinisé joue un rôle particulier dans la vie de la communauté : la statue du dieu est régulièrement amenée à trancher des litiges lors de consultations oraculaires. Même si les données nous manquent, ce type de pratiques oraculaires associées à des divinités différentes selon le lieu existait probablement sur tout le territoire égyptien.

Des questions posées au dieu à l'écrit nous sont ainsi parvenues. Elles demandent par exemple à Amenhotep Ier de confirmer la culpabilité d'un individu suspecté du vol d'une natte, ou bien la véracité de rumeurs, ou encore d'aider à faire un choix personnel pour l'avenir, et bien d'autres choses. Les mentions relatives au vol d'objets sont particulièrement fréquentes, ce qui en dit long sur l'ambiance qui devait parfois régner dans la communauté.

Dans les maisons, le nain Bès n'est pas la seule divinité à laquelle on rende hommage. Les fouilles ont permis de mettre en évidence un culte aux ancêtres, rendu à la fois au sein des foyers et dans des chapelles votives. On a retrouvé en contexte domestique des bustes anthropoïdes, le plus souvent en calcaire, qu'on interprète généralement comme des représentations d'ancêtres familiaux, plutôt féminins. Ces bustes apparaissent parfois sur des stèles, en lieu et place d'une divinité.

Quelques autres sites du Nouvel Empire ont livré des monuments comparables mais en l'absence d'inscriptions, on ne peut que spéculer sur leur nature véritable et celle du culte qui leur était rendu. Une autre production, les petites stèles dédiées à des défunts identifiés par leurs noms et qualifiés d'« esprits excellents de Rê », relève également d'un culte aux ancêtres, adoptant manifestement des formes différentes et qui restent à préciser.

REMÈDES ET FORMULES MAGIQUES

Alors que le repas de midi touche à sa fin, Qenherkhepechef se fige en apercevant un scorpion, à son goût bien trop proche du pied de l'un des artisans. Pour ce qu'il en sait, la piqûre de l'animal ne sera pas forcément mortelle, mais pourrait servir à justifier quelques jours d'absence sur le chantier pour la victime.

Comme scribe, on ne manquera certainement pas de le solliciter à la fois pour régler l'aspect administratif de l'accident, mais aussi pour participer aux soins en trouvant la formule magique ou la recette médicale adaptée dans ses papyrus.

Les dangers sont nombreux en Égypte, où la faune sauvage du désert et celle du Nil ne font pas toujours bon ménage avec les activités humaines. Crocodiles et hippopotames s'évitent néanmoins plus aisément que scorpions et serpents, des animaux venimeux que craignaient particulièrement les Égyptiens. Ces derniers ont mis au point de nombreuses formules magiques destinées à éloigner ces animaux dangereux ou à combattre les effets de leur venin. Déclamées à l'oral ou inscrites sur des papyrus amulettes portées en talisman, elles protègent des bénéficiaires identifiés par leur nom et bien souvent assimilés au dieu Horus, lui-même victime de ces poisons dans sa jeunesse, d'après la légende.

En faisant référence à l'expérience divine, la victime humaine doit profiter de l'issue de celle-ci, qui ne manque pas bien sûr d'être toujours favorable. Les récitations éventuelles s'accompagnent de gestes rituels impliquant de manipuler des objets ou des ingrédients spécifiques et rigoureusement décrits dans les textes. Magie et religion ne s'opposent pas dans la pensée pharaonique mais sont au contraire intrinsèquement liées.

Certaines formules, dont on connaît plusieurs copies, semblent avoir été populaires et considérées comme particulièrement efficaces. Pour davantage d'efficacité, la magie peut aussi compter sur la médecine, qui lui est complémentaire. Ainsi en parallèle des formules magiques, on trouve aussi des listes d'ingrédients à utiliser pour apaiser tel ou tel symptôme, qui correspondent manifestement aux résultats d'une approche empirique vieille de plusieurs siècles, compilés et transmis de génération en génération.

Ces ingrédients sont bien sûr pour une bonne part des plantes, dont l'identification est parfois laborieuse pour les spécialistes car notre connaissance du lexique égyptien reste très imprécise. Les nombreuses vertus du miel étaient évidemment connues des Égyptiens qui le convoquent très fréquemment dans les textes médico-magiques, particulièrement à l'époque ramesside car il était alors plus facile de s'en procurer que pendant les périodes précédentes. D'autres ingrédients ont un intérêt plus discutable pour le patient, comme le sang, l'urine ou les excréments d'animaux divers. Il n'en reste pas moins que les compétences des médecins et des magiciens égyptiens sont appréciées à l'étranger, une réputation qui dépasse largement le cadre chronologique de l'époque ramesside.

SCRIBES ET ÉCRITURE

Le scorpion n'a finalement fait aucune victime. La pause de midi se prolonge un peu après le repas et chacun vaque à ses occupations. Qenherkhepechef, pour sa part, s'empare d'un tesson de poterie et commence à y écrire un court texte à l'encre noire.

Il s'agit d'une commande de fenêtres, que l'un des artisans lui a demandé le matin même de bien vouloir rédiger, à l'attention d'un camarade qui fait commerce de ses talents en menuiserie à l'intérieur du village.

Dans l'Égypte de Ramsès II, l'écrasante majorité de la population ne sait ni lire ni écrire, mis à part les nobles et les scribes. Les premiers ont accès à une meilleure éducation et les seconds ont fait de l'écrit leur métier. Le taux d'« alphabétisation » – si l'on peut dire, puisque le système hiéroglyphique n'est pas alphabétique – est donc très faible : 5 % est une estimation qui paraît très optimiste.

Toutefois les hiéroglyphes étant figuratifs par nature, on peut comprendre le sens général du message linguistique qu'ils véhiculent lorsque celui-ci est fréquemment répété et stéréotypé, ou qu'il est complété par l'image. Ainsi les scènes rituelles des temples ou les formules d'offrandes funéraires sont comprises d'une bonne partie de la population même si elle n'est pas toujours capable de les déchiffrer signe à signe.

À Deir el-Médina, le degré d'aptitude générale à interagir au quotidien avec l'écrit, que l'on appelle « littéracie », semble avoir été plus élevé que la moyenne. Cela s'explique sans doute par le profil des artisans, qui font *a priori* partie des plus qualifiés dans leur domaine et vivent sous l'autorité directe de la plus haute administration du pays.

Dans le village des artisans comme dans le reste de l'Égypte toutefois, l'accès limité à l'écrit, conjugué à son importance dans une civilisation pharaonique au fonctionnement très bureaucratique, fait des scribes une élite à part entière. Le métier regroupe en fait des réalités très différentes, du scribe de province spécialisé dans la comptabilité au poète de cour obsédé par les hymnes à la gloire du roi.

Toutes les positions ne se valent pas mais elles sont toujours préférables aux autres professions, du moins à en croire une certaine littérature didactique composée par les scribes à destination de leurs apprentis, qui pourraient être tentés par d'autres carrières. Dans ces textes, dont la tradition remonte au Moyen Empire avec la célèbre *Satire des métiers*, mais qui se déclinent sous d'autres formats à l'époque ramesside, le jeu consiste à dénigrer les autres métiers, dépeints comme éreintants ou dangereux, là où au contraire les scribes ont la belle vie.

D'autres compositions littéraires apparentées rappellent aussi à l'apprenti scribe de ne pas se laisser distraire par des plaisirs éphémères et de se concentrer sur ses études s'il veut réussir. À Deir el-Médina, la documentation montre que ces recommandations n'étaient visiblement pas toujours suivies d'effets.

Les quelques étudiants appelés à assister Qenherkhepechef ou ses successeurs, plutôt doués dans les exercices basiques, consistant à reproduire des signes isolés, ou en grammaire, lorsqu'il s'agit de passer du moyen égyptien au néo-égyptien, font en revanche régulièrement des erreurs en copiant les classiques littéraires. Des corrections ajoutées à l'encre rouge témoignent de l'exaspération contenue des maîtres, qui sont eux-mêmes loin d'être infaillibles.

PAPYRUS
ET BIBLIOTHÈQUES FAMILIALES

Qenherkhepechef range maintenant son équipement de scribe. Sa palette en bois, qui fait partie de ses préférées, est un peu abîmée à force de séjourner au soleil. Il constate qu'il ne lui reste presque plus rien des pains de pigments rouge et noir qu'il dilue pour en faire de l'encre.

Les roseaux taillés qu'il utilise pour écrire sont aussi endommagés : leur extrémité est usée et l'écriture du scribe devient épaisse et encore moins lisible que d'habitude. Il va lui falloir régler ces problèmes une fois rentré au village, mais le plus important reste celui de l'approvisionnement en papyrus.

Les scribes écrivent principalement sur deux grands types de support : les ostraca, éclats de calcaire ou tessons de poterie, et les rouleaux de papyrus. Les premiers sont faciles à trouver : la céramique est un élément omniprésent de la vie quotidienne et la Montagne thébaine fournit du calcaire en profusion. Il faut parfois retailler ou préparer un peu la surface de ces supports mais le travail est sans commune mesure avec ce qui est nécessaire pour obtenir un rouleau de papyrus. Il faut ramasser les plantes, en découper les tiges en lamelles, les aplanir puis les coller entre elles en constituant deux couches disposées perpendiculairement.

Les feuillets obtenus doivent à leur tour être collés ensemble pour former des rouleaux d'une cinquantaine de centimètres de hauteur et qui peuvent être long de plusieurs mètres. Le format du demi-rouleau, d'une vingtaine de centimètres de hauteur, est souvent préféré par les scribes.

Qenherkhepechef reçoit habituellement des papyrus vierges de la capitale, Pi-Ramsès, où les ateliers royaux disposent du savoir-faire et des compétences pour fabriquer des rouleaux de la meilleure qualité. Mais depuis quelque temps il y a des retards de livraisons et le stock de papyrus neufs de Qenherkhepechef s'est amenuisé.

Si cela continue, il va être contraint de piocher dans sa bibliothèque privée et d'écrire une nouvelle fois au revers d'un document, ou tout simplement là où il reste de la place. Il arrive aussi que l'on soit obligé d'effacer un texte antérieur – mal, on en voit encore les traces – mais ce n'est pas l'idéal.

La bibliothèque familiale de Qenherkhepechef est bien connue car elle a été retrouvée sur le site de Deir el-Médina. Elle fut constituée sur plusieurs générations et transmise au sein de la famille bien au-delà du règne de Ramsès II. Les papyrus qui la composent, parfois très bien conservés, témoignent de la richesse et de la diversité des textes, écrits par plusieurs scribes dont certains ont pris la peine de signer leurs œuvres, ce qui permet de dater les documents.

On y trouve de la littérature au sens restreint des « Belles-Lettres », par exemple le conte *Vérité et mensonge*, où les incarnations de ces deux concepts s'affrontent lors d'un procès, ou les versions du récit de la Bataille de Qadech de la main de Qenherkhepechef lui-même. Mais aussi des copies de classiques du Moyen Empire telle que la *Satire des métiers*.

On trouve également des recueils de formules magiques anonymisées, utilisés comme ouvrages de référence pour établir des copies personnalisées et nominatives au format « amulette » en cas de besoin. Enfin, quelques rituels, dont l'un concerne spécifiquement le culte d'Amenhotep Ier divinisé. Un manuel d'interprétation des rêves complète cet inventaire : en face de la description de chaque songe, on trouve l'indication « bon » ou « mauvais », suivie de la signification qui lui est prêtée.

HUMOUR ET SATIRE

On sollicite Qenherkhepechef, en sa qualité de scribe de la Tombe, pour toute sorte de choses. La veille, il a ainsi passé la moitié de l'après-midi à régler une affaire de location d'âne : le litige portait sur le caractère de l'animal, jugé trop méchant et inutilisable par son locataire, le propriétaire insistant au contraire sur la docilité de l'animal.

L'âne portait-il le nom de « Ramsès », comme l'un de ses congénères quelques décennies plus tard ? Il arrivait en effet fréquemment aux anciens Égyptiens d'être pour le moins irrévérencieux vis-à-vis du pouvoir royal ou de l'élite dirigeante.

L'un des exemples les plus célèbres de cette irrévérence est contemporain du règne de Ramsès II. Il s'agit du papyrus « satirico-érotique » de Turin, dont Champollion, lorsqu'il le découvrit, dit qu'il était d'« une obscénité monstrueuse ». La partie « érotique » du papyrus – qui est en réalité franchement pornographique – montre des ébats sexuels qui impliquent d'une part des femmes appartenant plutôt à la haute société, apprêtées et maquillés, et d'autre part des hommes du bas peuple, à la chevelure hirsute et au profil simien, dotés d'un attribut masculin à la taille disproportionnée.

La partie satirique du papyrus représente des animaux parodiant des activités humaines, dans un monde qui ressemble à celui des fables de La Fontaine : les souris y combattent et y dominent les chats, un motif connu sur d'autres documents qui véhicule un discours satirique – voire une critique – que le pouvoir royal semble avoir toléré. La qualité du support et du dessin laisse penser que ce papyrus a été produit à destination d'une élite qui ne manquait pas d'une certaine autodérision, puisque celui-ci la met en scène.

Les dessins retrouvés sur les ostraca de Deir el-Médina et de la Vallée des Rois illustrent aussi ce sens de l'humour parfois peu subtil, à côté de sujets plus sérieux, d'esquisses et de croquis préparatoires aux décorations des tombes, ou de copies de reliefs gravés sur les temples environnants.

Alors que Qenherkhepechef essaie de se remémorer les dimensions exactes des fenêtres souhaitées par son collègue, un dessinateur montre à des tailleurs de pierre la caricature qu'il vient de croquer sur un éclat de calcaire : un homme difforme au membre démesuré y fornique avec une ânesse enceinte.

La caricature prend aussi des formes plus innocentes : ainsi plusieurs ostraca montrent des singes mimant diverses activités humaines. Il en est de même de certaines petites figurines, qui représentent cercopithèques et babouins en train de jouer de la flûte ou de la harpe, danser, manger des fruits ou, plus significativement, conduire des chars attelés à des chevaux mais aussi à des lions, des chiens voire d'autres singes. Des perforations de part et d'autre de ces figurines permettaient d'y accrocher de petites roues ainsi que des cordelettes servant à les tracter. Il s'agit donc probablement de jouets pour enfants.

LE RÔLE DES FEMMES DANS LA SOCIÉTÉ PHARAONIQUE

Autour de Qenherkhepechef, les hommes comment à s'activer. On prépare le départ tout en discutant de la vie au village. L'un des artisans plaisante sur un membre de l'autre équipe, que sa femme aurait trompé.

Il se passe toujours beaucoup de choses dans cette petite communauté fermée : des conflits opposent certaines familles, des dettes sont contractées entre voisins, mariages et naissances sont des évènements réguliers et toujours attendus. Les femmes, restées au village, y jouent un rôle social très important.

On ne sait que très peu de choses sur la vie des femmes en Égypte, y compris à l'époque de Ramsès II. Les nombreuses épouses du roi, ses filles, mais aussi celles des dignitaires du règne, sont mentionnées le plus souvent en association avec des hommes, qui peuvent être leurs maris, leurs pères ou leurs fils. Elles sont dépeintes comme des mères des familles aimantes et des épouses attentionnées, ce qui correspond au rôle principal que la société leur donne à l'époque pharaonique.

Les femmes d'un certain rang ont évidemment d'autres occupations, plus politiques. On connaît ainsi des lettres de la reine Néfertari elle-même, première grande épouse royale de Ramsès II, destinées à son homologue hittite et qui témoigne d'une diplomatie parallèle complémentaire des canaux officiels. Les épouses de dignitaires soutiennent la carrière de leurs maris en s'affichant à leurs côtés en toutes occasions, du moins sur les murs des tombes où l'on met en avant des couples modèles et une famille heureuse.

La vie quotidienne des femmes ordinaires en revanche, est encore moins bien connue que celle des hommes. C'est encore une fois à Deir el-Médina que l'on va en trouver l'évocation la plus proche, même si les documents les concernant sont moins nombreux.

À Deir el-Médina, femmes, enfants et personnes âgés restent sur place pendant que les équipes d'artisans sont au travail. Tous participent à la vie de la communauté en s'occupant des tâches domestiques, ce qui est loin d'être une mince affaire. Les épouses des artisans sont parfois aidées par des femmes esclaves extérieures au village et fournies par l'administration, dont on peut s'échanger les jours de service.

Cela laisse alors plus de temps pour l'éducation des enfants ou pour passer du temps avec ses voisines à discuter des derniers ragots. Certaines lettres retrouvées à Deir el-Médina font état de ces commérages et des inimitiés qui en découlent. Ces plaintes et dénonciations traduisent un complexe jeu d'influence entre les différentes familles qui vivent entre les murs fermés du village, qui sans cesse s'affrontent ou s'allient pour consolider leur situation. Le mariage revêt une importance capitale dans cette perspective.

MARIAGE ET DIVORCE

Les jeunes filles sont mariées très jeunes et ont des enfants très tôt, ce qui n'est pas risque : les femmes meurent fréquemment en couche et plus jeunes que les hommes, tandis que la mortalité infantile est très élevée. Les amulettes de protections et les formules magiques sont ainsi souvent consacrées à la protection des enfants, et on connaît un certain nombre de textes médicaux gynécologiques. Quelques femmes vivent toutefois longtemps et sont très respectées au village.

La documentation révèle que les femmes disposent de certains droits, comme celui de divorcer ou de transmettre des biens à des héritiers, mais on connaît aussi des cas de viols qui montrent qu'il faut nuancer l'opinion – assez répandue – d'une Égypte pharaonique en avance sur son temps en matière d'égalité des sexes. Il s'agit d'un anachronisme et la vie quotidienne d'une femme dans l'Égypte ancienne, sous Ramsès II ou à d'autres époques, est très loin d'être une sinécure.

Sur le chemin de la « station du col », les hommes sont à présent plutôt heureux. Ils vont enfin pouvoir rentrer au village pour y voir leurs familles et prendre un peu de repos. Même la chaleur, qui se fait désormais quelque peu oppressante, ne peut entamer leur enthousiasme.

Quant à Qenherkhepechef, il se dit qu'il va essayer de consacrer un peu moins de temps aux charges administratives et se remettre à la littérature.

Chapitre IV

Début d'après-midi à Hermopolis

Au-delà de Thèbes, le Nil poursuit son cours en passant près d'importantes villes de la Vallée du Nil : Coptos, la cité du dieu Min, très ancienne divinité liée à la fertilité, puis Abydos, où réside Osiris, dieu des morts, mais aussi Hermopolis, où il fait particulièrement chaud en ce début d'après-midi.

Les chantiers en cours y soulèvent beaucoup de poussière : des dizaines de *talatates*, ces blocs de pierre formatés de petite taille, caractéristiques des constructions du règne d'Akhénaton, s'entassent devant la ville.

L'ancienne capitale du pharaon hérétique est située en face, de l'autre côté du fleuve, et depuis son abandon, on la démantèle consciencieusement, effaçant ainsi les dernières traces de cet épisode douloureux de l'histoire égyptienne.

Les pierres extraites de cette carrière artificielle à ciel ouvert sont pour la plupart remployées comme matériau de bourrage dans de nouveaux monuments. Ramsès le bâtisseur n'a pas oublié la ville de Thot, dieu patron des scribes, dont le temple a été entièrement rénové.

Le général Youpa est de passage à Hermopolis, une ville qu'il affectionne particulièrement. Debout dans la nacelle de son char, il attend qu'on lui donne le signal du départ, à côté de son aurige qui tient les guides reliées à l'attelage.

Ses anciens camarades de l'armée l'ont invité à assister à un entraînement qui se déroulera à l'extérieur de la ville, sur un vaste terrain en marge du désert. L'objectif est de profiter des conditions difficiles du jour pour tester les capacités des soldats de la garnison locale. Certains ne sont en effet que de jeunes recrues, arrivées seulement quelques jours plus tôt.

PORTRAIT D'UN GÉNÉRAL

Comme beaucoup de hauts dignitaires, Youpa est issu des rangs de l'armée. La carrière des armes est l'un des chemins les plus directs vers les cercles les plus rapprochés du pouvoir : le roi lui-même vient d'une famille de militaires. Il est d'ailleurs préférable d'avoir des antécédents familiaux si l'on veut monter rapidement dans la hiérarchie : ainsi le propre père de Youpa était-il aussi général.

Depuis le début de la XVIIIe dynastie, l'armée a pris une grande importance dans la société égyptienne. Le Nouvel Empire commence par une série de conquêtes territoriales pour les Égyptiens, qui repoussent les Hyksôs installés dans le delta et les poursuivent en Syro-Palestine. Campagne militaire après campagne militaire, les Thoutmosides s'imposent, mais pour cela le maintien d'une armée puissante devient une nécessité stratégique.

L'Égypte de cette époque a pour rivaux d'autres grands empires centralisés, capables d'aligner plusieurs milliers de combattants sur les champs de bataille. La situation n'a pas changé sous Ramsès II, bien au contraire : le Hatti et l'Égypte se sont alors taillé la part du lion et l'affrontement entre les deux puissances, qui culmine avec la bataille de Qadech, donne une idée de l'ampleur des moyens consacrés à l'armée dans chaque camp.

Les cadres de cette dernière sont donc amenés à jouer un rôle majeur mais qui dépasse en fait largement le domaine strictement militaire. Il y a en effet une grande porosité entre l'armée et la haute administration. Si Youpa et son père étaient généraux, ils ont aussi occupé le poste très prestigieux d'intendant du Ramesseum pendant de nombreuses années.

Certains officiers de l'armée cumulent ainsi leur grade avec fonctions, incluant des positions au sein du clergé dont on se demande parfois ce qu'elles recouvrent vraiment, en termes de responsabilité aussi bien qu'en charge effective de travail. Les dignitaires égyptiens affichent fièrement sur leurs monuments ces longues énumérations de titres ronflants qu'ils espèrent pouvoir transmettre à leurs héritiers.

L'ARMÉE ET SON ORGANISATION

La troupe du jour est composée de Youpa et de quelques autres officiers de l'armée, précédés par deux cent cinquante hommes à pied et une cinquantaine d'unités de charrerie. Le char de Youpa est malmené par une piste peu adaptée à ce type de véhicule mais qui fait néanmoins l'affaire, le confort n'était de toute façon pas au programme du jour.

Si les grandes villes égyptiennes ont su s'adapter à ce nouveau moyen de transport en élargissant certaines rues et en faisant construire des routes *ad hoc*, pour passer d'une ville à l'autre on utilise encore et toujours le bateau, quitte à mettre sur le pont char et chevaux si nécessaire.

Sous Ramsès II, l'armée égyptienne est principalement composée d'une infanterie et d'une charrerie. Le nombre total de militaires appartenant à chaque arme n'est pas connu, mais les chiffres fournis dans le récit de la bataille de Qadech donnent des ordres de grandeurs assez significatifs : entre 20 000 et 25 000 soldats d'infanterie et 2 000 à 2 500 unités de charrerie. Même en considérant qu'ils sont exagérés – ce qui est un parti pris discutable –, l'Égypte doit donc entretenir sous Ramsès II une armée forte de quelques dizaines de milliers d'hommes, répartis sur tout son territoire.

Il est impossible en effet que Ramsès ait vidé le pays entier de son armée pendant la durée de la campagne militaire telle qu'initialement prévue, l'Égypte n'étant pas à l'abri de raids menés par des tribus libyennes ou d'autres voisins mal intentionnés. Ainsi loin à l'ouest du delta, près de la côte méditerranéenne, la forteresse de Zaouyet Oum el-Rakham surveille la frontière, alors que dans le nord du Sinaï c'est celle de Tell el-Borg qui veille sur le « chemin d'Horus », cette route parsemée de places fortes qui mène jusqu'à la Syro-Palestine. Au sud, la garnison principale est sans doute celle d'Amara, là où se trouve la résidence du vice-roi de Kouch.

UNE VIE DE SOLDAT

Youpa observe maintenant le terrain d'entraînement avec attention. Les exercices ont commencé et le vieux général s'intéresse dans un premier temps aux simples soldats de l'infanterie, en particulier les jeunes recrues. Ceux-ci pratiquent divers exercices physiques qui incluent des duels à mains nues ou au bâton, tandis que d'autres s'entraînent à manipuler des lances.

L'infanterie égyptienne est armée de lances et de piques, de haches et de boucliers. La harpé, une sorte de cimeterre doté d'un seul côté tranchant, est attestée parfois dans les mains des fantassins, mais est surtout une arme de prestige, que manipule le roi pour tuer les ennemis sur les reliefs des temples. Quant à l'équipement défensif, il est basique : vêtus de simples pagnes maintenus par une ceinture, la plupart des soldats n'ont au mieux qu'un bouclier constitué d'un cadre de bois sur lequel est tendue une peau de bovidé.

Les casques et armures en cuir ou en métal sont rares et réservés aux personnages les plus importants ou aux combattants en char. Il y a encore des archers à pied, mais leur rôle est moins important qu'aux époques précédentes lors des batailles rangées : leurs longs arcs en bois sont en effet bien moins efficaces que les arcs composites contemporains, qui s'utilisent de préférence depuis la nacelle d'un char.

Il n'y a pas de conscription, au sens moderne du terme, en Égypte ramesside. On considère donc que l'armée est « professionnelle », même si on ignore en fait la plupart du temps comment les soldats sont recrutés. Ils viennent probablement de tout le pays, y compris des régions les plus reculées, et il y a fort à parier qu'ils soient issus de milieux plutôt pauvres, dans lesquels la vie de soldat paraît préférable à d'autres métiers.

Pourtant celle-ci est loin d'être facile : les campagnes militaires impliquent de longues marches dans un paysage quasi désertique, entre deux points d'eau, et une nourriture qui se présente sous la forme de rations distribuées par des scribes. Les risques de blessures au combat sont évidemment très importants et les textes médicaux font rarement mention de soins que l'on pourrait rattacher à une « médecine de guerre » spécifique. Sur place, après la bataille, les soins devaient être particulièrement rudimentaires et les infections très fréquentes. Si l'on ajoute à cela les maladies, on comprend pourquoi les soldats sont souvent moqués par les scribes dans la littérature.

MERCENAIRES ET TROUPES AUXILIAIRES

Parmi les hommes qui s'entraînent ce jour-là, un petit groupe se trouve à l'écart, pratiquant ses propres exercices en criant dans une langue que Youpa ne comprend pas complètement. Ils sont d'origine étrangère et semblent avoir plus d'expérience que les jeunes recrues égyptiennes. Leur équipement est différent et ils étaient là avant le reste de la troupe.

L'existence de véritables mercenaires à l'époque de Ramsès II n'est pas prouvée. Ceux que l'on appelle souvent des « mercenaires » en égyptologie semblent plutôt correspondre à des troupes auxiliaires constituées d'étrangers, parfois enrôlés de force après avoir été vaincus par les Égyptiens. Ils sont souvent représentés avec des traits spécifiques trahissant leur origine ethnique et leur différence culturelle.

Ainsi les célèbres Chardanes, considérés comme des combattants hors norme, sont-ils reconnaissables à leurs casques à cornes et à leurs longues épées dans les reliefs ramessides. Ils ont été et seront de féroces adversaires de l'Égypte, mais Ramsès II a réussi à en intégrer certains dans sa garde rapprochée. Des combattants Libyens rejoignent aussi occasionnellement les rangs de l'armée égyptienne, peut-être parce que la condition de soldat est finalement préférable à une vie largement faite d'errance et de razzias.

Certains de ces Libyens finiront par faire souche en Égypte à laquelle ils donneront plusieurs pharaons, quelques décennies après la fin du Nouvel Empire. Enfin, la Nubie fournit à l'Égypte des contingents de combattants, en particulier des archers, depuis les plus hautes époques.

LES CHARS ET LEUR ÉQUIPAGE

Youpa s'entretient à présent avec des officiers de charrerie. On prépare un entraînement spécifique pour les combattants en char, sur lequel il a été amené à donner son avis : des fantassins ont disposé des cibles au sol, qu'il s'agit d'atteindre alors que le véhicule est lancé à pleine vitesse.

L'équipage d'un char se compose d'un conducteur et d'un combattant. Le premier porte souvent un bouclier tandis que le second est armé d'un arc composite. Aux parois extérieures de la nacelle du véhicule sont attachés des carquois remplis de flèches ou de javelots, ainsi qu'un étui pour l'arc. Les chars égyptiens sont des véhicules légers – ils pèsent une trentaine de kilos et un homme seul peut porter un char, assemblé ou démonté – et maniables.

Leur vitesse de pointe se situe entre 25 et 30 kilomètres à l'heure environ. Contrairement à ce qu'on pense parfois, le char léger des champs de bataille de l'époque ramesside n'est pas une arme de choc, mais plutôt une plate-forme mobile de tir à l'arc, qui n'a pas vocation à aller au contact, même les circonstances peuvent l'y forcer. Les chars effectuent des mouvements tournants, les archers embarqués décochant leurs flèches sur l'armée adverse, puis revenant en arrière pour préparer le passage suivant, jusqu'à épuisement des projectiles.

Il n'y a pas à proprement parler de cavalerie car les chevaux, encore trop petits au garrot, sont rarement montés et servent avant tout à tracter les chars de combat légers auxquels ils sont attelés par paires. Les rares représentations de soldats à cheval concernent des éclaireurs ou des messagers, et si l'existence de cavaliers nubiens au Nouvel Empire a pu être discutée, elle reste hypothétique et correspondrait à une pratique marginale.

La monte directe semble être mal considérée en Égypte et dans le Proche-Orient ancien, peut-être parce qu'elle rappelle celle de l'âne dans un milieu paysan, auquel l'élite ne souhaite évidemment pas être associée. Le char en revanche, est le moyen de transport privilégié des nobles et ce dans tous les royaumes de l'Orient méditerranéen. Une sorte d'« aristocratie du char » partageant des références culturelles et des compétences techniques, s'est constituée.

Cela explique que bon nombre d'officiers de charrerie égyptiens aient occupé des fonctions de diplomates, car ils connaissent bien leurs homologues à l'étranger avec lesquels ils partagent cette « culture du char ». Tous les combattants en char ne sont pas issus des rangs de la noblesse, mais les sources semblent indiquer qu'ils sont généralement davantage considérés au sein de la société égyptienne que leurs camarades allant à pied, de même que les auriges.

LA LOGISTIQUE MILITAIRE

Les exercices se déroulent sans accroc. Les jeunes recrues font une pause et en profitent pour boire un peu d'eau, tandis qu'on ramasse les flèches plantées au sol ou dans les cibles pour remplir à nouveau les carquois. Quelques chars sont abîmés mais seules des réparations mineures peuvent être faites sur place.

La logistique militaire de l'Égypte ancienne est mal connue mais il ne fait aucun doute que compte tenu de sa taille, l'armée en campagne se déplace avec un train particulièrement conséquent. Les forteresses et garnisons qui l'accueillent sur le chemin assurent une bonne partie du ravitaillement, en eau en particulier. Mais il faut aussi de quoi nourrir les chevaux, des pièces de rechange pour les chars, des spécialistes pour réparer les véhicules et prendre soin des animaux, d'autres pour fabriquer ou réparer des armes, du matériel en tous genres et ce sans compter le mobilier qu'emportent le roi et sa suite.

En temps de paix, l'armée est mise à contribution précisément pour ses compétences logistiques, entre deux entraînements intensifs et des missions de police. Certaines stèles de l'époque ramesside commémorent ainsi des expéditions dans le désert, impliquant plusieurs centaines d'hommes, partis exploiter une carrière de pierre ou une mine d'or. Les effectifs militaires détachés à ces occasions servent d'escorte, dans un milieu qui reste hostile et propice au brigandage, mais servent aussi de main-d'œuvre pour creuser des puits et transporter de l'équipement.

LA BATAILLE DE QADECH

Youpa est à présent en grande conversation avec d'autres généraux. Ils partagent des souvenirs et parlent stratégie et tactique, mais aussi histoire. Alors que de jeunes recrues tendent l'oreille Youpa répète ce que lui a raconté son père, qui était dans l'armée égyptienne lorsque celle-ci affronta les Hittites sous les murs de Qadech, cinquante ans plus tôt.

La bataille de Qadech constitue l'apogée, au moins symbolique si ce n'est militaire, du conflit qui oppose l'Égypte aux Hittites dès la fin de la XVIIIe dynastie et au début de la XIXe. Lorsque Ramsès II monte sur le trône, âgé d'un peu plus de vingt ans, ce conflit a déjà connu de nombreux épisodes. Le propre père de Ramsès, Séthi Ier, s'est illustré quelques années auparavant en Syro-Palestine, prenant la ville de Qadech, mais celle-ci est entre-temps repassée sous contrôle hittite.

En l'an 5 de son règne, Ramsès décide d'imiter son père et de marcher vers le Levant avec son armée, afin de contrarier les velléités hittites d'extension vers le sud. La prise de Qadech n'est qu'un objectif secondaire, et le but de la campagne prévoit de repousser les Hittites plus au nord. Le jeune Ramsès ne sait cependant pas qu'il est en réalité en train de s'enfoncer dans un piège tendu par Mouwatalli, le roi hittite, à la tête d'une coalition qui regroupe différents petits royaumes de la région.

LE PIÈGE SE REFERME

Les Égyptiens progressent vers Qadech, en étalant imprudemment leurs colonnes sur des kilomètres de distance, loin des bases égyptiennes. La concentration de l'armée n'est prévue qu'une fois que les quatre divisions qui la composent, chacune étant constituée d'environ 5 000 hommes, auront toutes franchi le fleuve Oronte, situé au sud de Qadech. Ramsès et la division d'Amon franchissent le gué en premier et commencent à installer le camp à l'ouest de la ville, dépêchant une avant-garde un peu plus au nord.

Ces hommes d'élites spécialement sélectionnés sont appelés dans les sources les « Néarins », et ils seront amenés à jouer un rôle crucial dans la bataille. Pour l'heure, leur rôle est de protéger le seul côté du camp menacé par une éventuelle attaque hittite, compte tenu des renseignements obtenus par Égyptiens. Car Ramsès et ses services de renseignement ont été trompés : des Bédouins à la solde des Hittites, capturés par l'armée égyptienne, ont menti sur les positions hittites, en prétendant qu'ils étaient loin au nord.

En réalité, la coalition attend son heure derrière la ville de Qadech, alors que de leur côté, les divisions égyptiennes sont en ordre dispersé : celle de Rê entreprend à son tour de traverser le fleuve ; celles de Ptah et de Seth sont loin derrière. Tout bascule quand des éclaireurs hittites sont capturés, puis forcés à parler. Ces derniers révèlent enfin à Ramsès le piège tendu par Mouwatalli, mais il est déjà trop tard : les chars hittites déferlent sur le camp égyptien et surprennent la division d'Amon, désorganisée et surprise par la violence soudaine de l'attaque. Les Néarins sont trop éloignés et Mouwatalli a pris soin d'embarquer, dans chaque char, un soldat supplémentaire, ce qui lui permet d'avoir non seulement l'effet de surprise mais aussi, ponctuellement, un avantage numérique.

RAMSÈS SEUL FACE À DES MILLIERS D'ADVERSAIRES

Tous les soldats présents connaissent la suite du récit. Ramsès II l'a fait graver sur les parois de ses temples les plus importants, à Abou Simbel, Karnak, Louqsor et au Ramesseum. Les textes sont illustrés par l'image iconique du roi en char, terrassant les Hittites et leurs alliés de ses flèches, protégé par le rempart que forme le corps de ses chevaux cabrés au-dessus de la masse des ennemis en déroute.

Dans le récit officiel de la bataille de Qadech, Ramsès raconte que ses troupes ont failli et l'ont laissé seul face à des milliers d'adversaires, malgré ses harangues. Selon les versions, son aurige Menna était à ses côtés, mais surtout ses chevaux, « Mout-est-satisfaite » et « Victoires-dans-Thèbes ». En difficulté, le roi fait appel à son père et protecteur, le dieu Amon – non sans lui avoir rappelé qu'il a pris soin de ses temples et a veillé à alimenter ses tables d'offrandes régulièrement.

Amon répond favorablement à la supplique du roi :

> Je suis avec toi ! Je suis ton père et ma main te guide ! Je vaux davantage que des centaines de milliers d'hommes ! Je suis le maître de la victoire, celui qui aime la bravoure !

Grâce à l'intervention d'Amon, le roi arrive finalement à faire fuir l'armée hittite. Certaines sources précisent que ce sont les Néarins, dépêchés à l'avant-garde mais revenus sur leur pas *in extremis*, qui sont venus au secours de Ramsès, ce qui est un peu plus plausible. L'assaut de l'ennemi a du moins été contenu, et le roi peut désormais rassembler ses troupes en vue de la bataille du lendemain.

Au matin, c'est une armée égyptienne revigorée et enfin rassemblée qui fait face à la coalition hittite. Les divisions de Ptah et de Seth ont en effet rejoint les restes de celles d'Amon et de Rê pendant la nuit. Ramsès et Mouwatalli sont à la tête de deux gigantesques armées et ne tardent pas à constater, après quelques affrontements, qu'aucun d'entre eux ne prendra le dessus. Les pourparlers commencent, aboutissant à une retraite égyptienne en bon ordre. La bataille de Qadech se termine donc sur un *statu quo*, et le conflit égypto-hittite ne prendra fin que seize ans plus tard, avec la signature du traité de l'an 21.

L'INFAILLIBILITÉ DU ROI : ENTRE PROPAGANDE ET RÉALITÉ

Youpa sait captiver son auditoire et raconte en détail les exploits du courageux lion domestique, dont la légende raconte qu'il accompagnait Ramsès au combat. L'animal est représenté au centre du camp égyptien attaqué par les Hittites.

On est en droit de douter de son rôle à la guerre, même s'il n'est pas inhabituel d'avoir un lion dans une ménagerie royale, pour des raisons symboliques. Ce lion accompagnera ensuite à la bataille les successeurs de Ramsès dans l'iconographie royale.

Youpa en sait plus que ce qu'il ose raconter ce jour-là à ces jeunes soldats qui adorent Ramsès comme un dieu et qui les guide depuis leur naissance. À Qadech, le désastre a bien failli être absolu, car Ramsès était à deux doigts de tomber entre les mains de l'ennemi. Le récit officiel de la bataille de Qadech et les copies illustrées ornant les temples insistent sur l'incompétence de l'entourage du roi. Ses services de renseignement ont été trompés, ses officiers sont inefficaces, et au cœur de la bataille toute l'armée égyptienne s'enfuit en le laissant combattre seul sur son char, face à une horde de Hittites déchaînés, qu'il vaincra en appelant au secours « son père » Amon.

Le discours royal est conforme à la pensée pharaonique qui montre le roi protégé par les dieux, dominant son adversaire avec aplomb, inébranlable au combat. Mais en soulignant les épisodes qui précèdent et leurs ratés, Ramsès cherche aussi à se dédouaner. Or, en dernier lieu, si des erreurs ont été commises, c'est bien sous son commandement, et c'est donc que le roi a des failles, qui sont apparues au grand jour et qu'il faut à présent dissimuler.

Fragilisés par la bataille, Ramsès et son armée sont contraints de rentrer en Égypte. De leur côté, les plans hittites, qui prévoyaient de tuer ou de capturer Ramsès, ont certes été contrariés mais les armées du Hatti, bien qu'affaiblies, n'ont pas été anéanties. Le *statu quo* final est donc une défaite pour Ramsès, qui n'a pas pu pousser son armée aussi loin que prévu.

Cet évènement de début de règne, pour Ramsès, doit être transformé en victoire, sous peine de constituer un danger pour le pouvoir royal. Ainsi débute une opération de propagande sans précédent, à laquelle vont participer des dizaines de scribes et de sculpteurs au service du roi, et qui porte encore ses fruits de nos jours. Car les textes et les images de cette époque l'affirment : Ramsès II a bien gagné la bataille de Qadech.

La pause est terminée. Les soldats reprennent l'entraînement qui se fait de plus en plus intense et va encore durer quelques heures. On éloigne les cibles, et les combats au corps-à-corps se font à l'arme réelle, en prenant soin de ne pas blesser son adversaire.

Youpa lui-même s'essaie au tir à l'arc depuis son char, alors qu'il a largement dépassé la soixantaine. Le récit de la bataille de Qadech a fait son effet et revigoré les troupes, en particulier les plus jeunes qui rêvent de gloire et de conquêtes…

Chapitre V

Fin d'après-midi à Memphis

La dernière étape du cours principal du Nil, avant qu'il ne se divise pour irriguer toute la Basse Égypte, est la ville de Memphis. Celle-ci doit à cet emplacement singulier, au point d'équilibre entre la vallée et le delta, son surnom de « Balance des Deux Terres ». De toutes les anciennes capitales du pays, c'est sans doute la plus chargée d'histoire, même aux yeux des Égyptiens de l'époque de Ramsès II.

Les nécropoles de Giza et de Saqqara témoignent du premier âge d'or de la civilisation égyptienne qu'est l'Ancien Empire, le temps des pyramides. Les silhouettes imposantes des pyramides de Khéops, Khépren et Mykérinos se détachent nettement sur le plateau de Giza. À leurs pieds, le grand Sphinx, récemment doté d'une barbe postiche stuquée et peinte, dont il ne reste presque plus rien de nos jours, veille sur le passé glorieux de l'Égypte ramesside.

Un homme, le prince Khâmouaset, quatrième fils et actuel héritier présomptif de Ramsès II, connaît bien ces monuments et sait tout ce qu'ils représentent pour le pouvoir pharaonique. Âgé d'une soixantaine d'années en l'an 55 du règne de son père, il ignore qu'il ne succédera pas à Ramsès II. Cette année est celle de sa mort, qui interviendra dans quelques semaines – ou quelques mois.

Le statut de prince héritier passera alors à l'un de ses frères. Pour le moment, Khâmouaset a décidé de profiter de la fraîcheur toute relative de cette fin d'après-midi pour flâner à travers cette ville de Memphis qu'il connaît si bien.

KHÂMOUASET, LE « PRINCE ARCHÉOLOGUE »

Memphis, au Nouvel Empire, accueille souvent les princes héritiers, pour des séjours plus ou moins longs. Le futur Amenhotep II, le futur Thoutmosis IV ou encore le jeune Toutânkhamon y ont passé une partie de leur jeunesse. Ces rois en devenir ne viennent pas seulement y pratiquer les exercices physiques dont certains d'entre eux aiment se vanter sur leurs monuments ; ils sont aussi là pour parfaire leur éducation et méditer sur les grandes réalisations de leurs ancêtres.

Khâmouaset est surnommé de nos jours le « prince archéologue » ou le « premier des égyptologues ». Cette appellation vient du fait qu'il fût chargé par son père de mener une campagne d'inspection des monuments pharaoniques des époques précédentes et, le cas échéant, de les remettre en état.

La tournée d'inspection ne se limite pas à Memphis mais on en trouve de nombreuses traces dans les nécropoles de la vieille capitale. Ainsi, sur la pyramide d'Ounas, un roi de la Ve dynastie (env. 2380-2350 av. J.-C.), à Saqqara, Khâmouaset fait rédiger une inscription précisant qu'il a restauré le monument et qu'il a rétabli le culte de son propriétaire après les avoir trouvés tous deux à l'abandon. Cette inscription est gravée à même la pyramide : on est évidemment bien loin des standards modernes en matière de conservation-restauration du patrimoine !

Cette campagne de « restauration » est avant tout une opération politique, dont l'originalité réside surtout dans son ampleur et dans sa profondeur historique. Les rois égyptiens, toujours en quête de légitimité, ont souvent à cœur de rendre hommage à leurs prédécesseurs sur le trône d'Horus. Ramsès II n'échappe pas à la règle : en réactivant le culte funéraire de ses ancêtres symboliques tombé en désuétude, il fait acte de piété filiale et s'inscrit dans leur continuité. Gravé à côté de celui d'Ounas, son nom profite du prestige de ce roi ancien dont les monuments sont encore visibles dans le paysage memphite et qui a vécu plus d'un millénaire auparavant.

En tant qu'héritier, Khâmouaset bénéficie aussi de cette campagne de restauration et de ses retombées en termes de prestige. Également responsable de l'organisation des premières fêtes-*sed* de son père, il consolide ainsi son statut de potentiel futur successeur. Cela n'exclut évidemment pas la possibilité que le prince ait développé un véritable goût personnel pour l'histoire et les monuments du passé, ce que la qualité et la quantité de ses « restaurations » semblent indiquer.

DANS L'ATELIER DES SCULPTEURS

Khâmouaset porte un titre propre à ses fonctions de grand prêtre de Ptah à Memphis : il est le « Grand qui dirige les Artisans ». La ville est en effet célèbre pour la qualité du travail de ses artisans, dont le dieu Ptah est le protecteur. Dans certaines spécialités, ceux-ci n'ont rien à envier ni à leurs collègues de Deir el-Médina, ni à ceux de Pi-Ramsès. Pour Khâmouaset, c'est toujours un plaisir de rendre visite aux artisans memphites, dont beaucoup sont rattachés au domaine de Ptah. Il peut ainsi constater que leurs savoir-faire sont à la hauteur de leur réputation.

Le prince commence sa visite par un atelier de sculpteurs. En l'occurrence, il s'agit de sculpteurs spécialisés dans la pierre : ils travaillent du granite rose, de la granodiorite, du quartzite, du basalte, du calcaire, de la calcite – une pierre blanche translucide appelée aussi « albâtre égyptien » –, ou encore du grès.

La matière première arrive régulièrement par bateau, prélevée dans les différentes carrières d'Égypte. On sculpte principalement des images du roi, parfois en compagnie de certaines divinités, ou bien d'autres membres de la famille royale. Mais il y a aussi des commandes privées, passées par des élites privilégiées et avec l'assentiment des autorités.

EN HOMMAGE À OSIRIS, PTAH ET SOKAR

Aujourd'hui, c'est justement la statue d'un dignitaire memphite qui est sur le point d'être achevée : les sculpteurs en polissent patiemment la surface de calcaire en utilisant des outils en pierres dures. L'homme s'est fait représenter debout, vêtu d'un pagne long et d'une tunique à la dernière mode, aux pans plissés du plus bel effet. Il présente devant lui une image d'Osiris, divinité funéraire par excellence. La statue est probablement destinée à la chapelle d'une tombe et a pu être commandée par le défunt lui-même ou par ses proches.

Les inscriptions du pilier dorsal comportent des formules funéraires qui confirment sa vocation et qui rendent hommage à Osiris, mais aussi à Ptah et Sokar, les dieux locaux. Sur les épaules du personnage, des cartouches royaux donnent les noms de Ramsès II, une marque d'allégeance fréquente dans la statuaire de cette époque.

La statue est un véritable morceau de bravoure qui en dit long sur les capacités des sculpteurs de la vieille capitale. Ainsi, par exemple, les détails de la perruque, constituée de fines tresses qui se répartissent en rayonnant depuis le sommet du crâne, et le modelé du visage, subtilement inspirés des portraits royaux contemporains.

Il ne reste plus qu'à ajouter les couleurs : les cheveux et les yeux noirs, les carnations rouges, les vêtements blancs. En effet la plupart des statues égyptiennes étaient peintes voire dorées dans certains cas, même si le temps a souvent fini par les priver de cette polychromie parfois clinquante pour nos yeux modernes. Malgré l'impression d'immuabilité qui se dégage de l'art égyptien, des styles sont identifiables selon les époques et les goûts ont pu changer avec le temps.

DES STATUES VIVANTES ET D'AUTRES DOTÉES D'UNE SECONDE VIE

Khâmouaset a toujours été fasciné par ces statues qui sortent des ateliers de sculpteurs. On dit en égyptien que ceux-ci leur « donnent la vie », car dans la pensée pharaonique, les statues ne sont pas de simples images mais bien des êtres à part entière.

Il ne s'agit pas d'une métaphore : les statues sont véritablement considérées comme des êtres vivants et non de simples images. Des actes rituels sont pratiqués sur les statues à la sortie des ateliers pour pouvoir les activer, c'est-à-dire leur permettre de respirer et d'incarner le personnage qu'elles représentent. Déposées dans la cour des temples ou dans les chapelles des tombes, les statues sont ainsi prêtes à accepter les offrandes que leur font les prêtres ou les visiteurs de passage.

Même au cas où on délaisserait ces monuments, les formules gravées dans la pierre assurent un approvisionnement éternel au défunt, car le texte hiéroglyphique est lui-même performatif : ce qu'il énonce existe par le simple fait de son énonciation.

Cette magie du texte permet bien des choses. Dans l'atelier où se trouve Khâmouaset, certains des sculpteurs sont ainsi occupés à « usurper » – c'est le terme consacré en égyptologie bien qu'imprécis – des statues royales. Il s'agit de monuments datés de règnes précédents sur lesquels ils ajoutent les cartouches de Ramsès II, parfois en recouvrant les noms de leurs infortunés propriétaires d'origine. Ces statues peuvent être retaillées, pour être plus conformes stylistiquement aux traits de leur nouveau roi de référence. Dans d'autres cas, on ne le juge pas utile, car on reconnaît de toute façon une image du pharaon d'Égypte, l'individu s'effaçant alors derrière sa fonction.

Cette pratique de l'« usurpation » relève davantage d'une forme d'appropriation et d'affiliation symbolique, du moins lorsqu'elle n'implique par le martelage du nom du précédent propriétaire de l'œuvre. Elle n'est pas propre à Ramsès II, mais celui-ci en a fait un usage à grande échelle, qui lui permet de mettre en place un programme statuaire très ambitieux à travers tout le pays. Car les statues ainsi « usurpées », aux yeux de tous, sont bien des images du grand Ramsès.

LE CULTE DU TAUREAU APIS

Un peu plus loin, Khâmouaset tombe sur des sculpteurs d'un autre genre. Deux hommes sont occupés à forer un vase en calcite d'une quarantaine de centimètres de hauteur. Trois autres vases comparables attendent au fond de la pièce. Ce sont des vases que l'on appelle « canopes », destinés à recevoir les viscères du défunt enlevés lors du processus de momification, mais ceux-là ont des dimensions inhabituelles.

Ces vases appartiennent en effet au mobilier funéraire du taureau Apis. Ce dieu est mentionné dès l'Ancien Empire mais son culte se développe considérablement sous le règne de Ramsès II, à l'initiative du grand prêtre de Ptah Khâmouaset. Il est toutefois surtout connu par des documents datés de la Basse Époque et par le récit d'Hérodote, qu'il a particulièrement intéressé.

Apis est un dieu vivant, un véritable taureau choisi sur des critères précis que l'auteur grec nous décrit : pelage noir, tache triangulaire blanche sur le front, une autre en forme de croissant sur le flanc et une dernière ressemblant à un vautour aux ailes déployées sur le cou. Un jeune veau correspondant à cette description était recherché dans toute l'Égypte, puis ramené à Memphis où il était consacré comme nouvel Apis par le grand prêtre de Ptah en personne.

Il vivait ensuite dans un enclos sacré au sein du temple de Ptah, ne sortant qu'à l'occasion de certaines fêtes et processions. L'Apis vivant était considéré comme le « héraut » de Ptah, un intercesseur ayant la capacité de transmettre à la principale divinité memphite les prières des fidèles.

APIS ADORÉ ET MOMIFIÉ

À sa mort, le taureau Apis a le droit à tous les honneurs. Alors que dans le pays les prêtres partent à la recherche de son remplaçant, portant les mêmes marques, l'Apis défunt est momifié avec le plus grand soin, à la manière des humains. Il est accompagné comme il se doit d'un riche mobilier funéraire, incluant ses propres *chaouabtis*, ces figurines qui lui serviront de serviteurs dans l'au-delà.

La dépouille du taureau Apis, désormais assimilée au dieu Osiris, est placée dans un cercueil, lui-même déposé dans un immense sarcophage de pierre. À partir de l'an 30 de Ramsès II, c'est dans une nouvelle nécropole inaugurée par Khâmouaset, les « Petits Souterrains » de Saqqara, qu'est inhumé l'Osiris-Apis. Ses funérailles se déroulent en grande pompe, présidées par le grand prêtre de Ptah.

Une fois de plus, c'est donc vers une divinité tangible, que l'on peut voir et toucher, que s'oriente la religion sous Ramsès II. Le culte du taureau Apis aura un succès très important au millénaire suivant et jusqu'à la fin de l'époque romaine, tandis que d'autres cultes comparables, rendus à des animaux vivants et uniques, se développeront sur le tout le territoire égyptien.

LES ARMES DE MEMPHIS

Les pas de Khâmouaset l'ont à présent mené dans un autre quartier, où les bruits incessants de marteaux, la concentration de creusets et les scories qui les accompagnent ne laissent que peu de doutes sur la nature des activités qui y sont menées. Le prince est arrivé dans la zone où se trouvent les manufactures d'armes de Memphis, dont la réputation n'est plus à faire.

On fabrique alors dans l'ancienne capitale des armes parmi les plus solides et les plus efficaces d'Égypte, qui égalent voire dépassent celles qui sortent des ateliers de Pi-Ramsès. Ce savoir-faire remonte à loin mais les tombes de fonctionnaires dans la nécropole voisine de Saqqara s'en font surtout l'écho à partir de la XVIIIe dynastie.

Les titres relatifs à la fabrication d'armes y sont singulièrement bien représentés et signalent aux égyptologues l'existence de ces ateliers spécialisés que l'archéologie n'a pas – encore – permis d'identifier sur le terrain. Comme souvent, c'est donc à partir du monde des morts que l'on peut extrapoler pour deviner ce qu'était le monde des vivants.

Certains blocs provenant de la nécropole memphite, datés de l'époque ramesside, montrent ainsi des scènes de fabrication et des entrepôts remplis d'armes. Ici, un artisan égalise à l'herminette la roue d'un char sur un bloc provenant de la tombe d'Ipouya, un « chef d'atelier ». Chez Kyiry, « supérieur des fabricants de chars » et « directeur de l'atelier dans l'Arsenal », un autre vérifie à l'œil que la hampe d'une flèche est bien droite, tandis que ses collègues entassent carquois, arcs et chars dans des pièces attenantes.

Sur un fragment de stèle contemporain, aujourd'hui conservé à Boston et de provenance inconnue, un homme range des flèches dans des carquois posés sur des tables, dans un lieu qui a toutes les chances d'être rattaché à l'« Arsenal » en tant qu'institution. On peut y voir des harpés – sorte de cimeterres –, des arcs, une cuirasse ou une amure, un javelot, une épée longue et même un char complet.

L'ÂGE DU BRONZE

Comme prince, Khâmouaset a vraisemblablement reçu une formation militaire et appris le maniement des armes. Dans sa jeunesse, il n'a cependant participé que de très loin aux combats, malgré le discours officiel et les reliefs qui le mettent en scène avec ses frères aînés, aidant son père Ramsès à vaincre ses ennemis.

Tout cela relève une fois encore de la propagande et de l'idéologie officielle, les compétences de Khâmouaset sont ailleurs. Le prince est toutefois pleinement capable d'apprécier le savoir-faire technique des artisans memphites. Il constate aussi leur très bonne gestion des matières premières.

La seconde moitié du IIe millénaire av. J.-C. correspond à l'âge du Bronze récent en Orient. Autrement dit, le bronze, alliage métallique, y est couramment utilisé et les artisans en maîtrisent alors parfaitement la fabrication. On appelle bronze un mélange constitué principalement de cuivre et d'étain, ce dernier étant présent dans des proportions variables que l'on peut estimer entre 6 et 10 %.

Il y a en réalité de très nombreuses variétés de bronze et l'archéologie utilise une expression plus générique mais également plus correcte, « alliage cuivreux », pour rendre compte de cette diversité et en l'absence d'analyses chimiques systématiques.

Contrairement à ce que l'on pourrait penser au premier abord, si le bronze est matériau moderne et résistant, il est aussi très coûteux car l'étain n'existe pas en Égypte et doit être importé à grands frais. Le cuivre non-allié reste ainsi une option envisageable pour peu qu'il soit martelé suffisamment longtemps et si possible mêlé à un peu d'arsenic.

De même, pour certains usages, tels que les pointes de flèches destinées à la chasse, on peut se contenter de silex taillé même au Nouvel Empire. C'est un matériau facile bon marché, que l'on trouve facilement en Égypte et qui a fait ses preuves depuis des millénaires.

Quant au fer, son usage reste exceptionnel à cette période et limité à des objets de prestige. La société pharaonique, quelle que soit l'époque considérée, gaspille le moins possible les matières premières et en rationalise l'utilisation en fonction de critères qui lui sont propres.

L'ARC ET LE CHAR

Khâmouaset n'a qu'à faire quelques pas pour arriver dans les ateliers de menuiserie. Une partie des lieux est aussi consacrée à la manufacture d'armes : manches de haches, hampes de lances, de javelots ou boucliers, nécessitent de travailler du bois.

Les hampes de flèches sont aussi volontiers fabriquées avec des roseaux, que l'on trouve à foison dans les marécages du delta – à condition d'affronter mouches et moustiques qui y pullulent : l'usage de ce matériau allège le poids des projectiles qui sont de plus naturellement droits.

Un cliché très répandu consiste à penser que l'Égypte ancienne manquait de bois. S'il est vrai que le pays n'est pas connu pour ses grandes forêts, l'idée peut paraître étonnante quand on constate l'impressionnante quantité d'objets en bois qui ont été produits pendant toute l'époque pharaonique : qu'on pense simplement aux cercueils, sans compter les bateaux, les meubles ou les milliers de petits objets du quotidien.

L'Égypte manque surtout de grands arbres susceptibles de servir de matériau de construction, en particulier pour les navires d'une certaine taille. On pallie ce problème en important du cèdre et du pin de la côte du Levant. Sur le territoire égyptien poussent en revanche des arbres tels que l'acacia, le tamaris ou le sycomore, tandis que l'ébène vient de Kouch. Toutes ces essences sont exploitées par des artisans compétents qui connaissent à la perfection leurs différentes qualités techniques ou esthétiques.

Dans le domaine de l'armement, deux exemples illustrent le talent des artisans memphites spécialisés dans le travail du bois : l'arc composite et le char. La fabrication de l'un comme de l'autre nécessite une véritable expertise, que les Égyptiens ont acquise auprès de leurs voisins au début de la XVIIIe dynastie, grâce aux prisonniers de guerre ramenés de leurs campagnes militaires en Syro-Palestine.

Les arcs composites sont faits de différentes essences de bois mais aussi de produits animaux, tels que les cornes et les tendons, qui leur confèrent une grande résistance et en augmentent la portée par rapport aux arcs simples en bois. Les différentes pièces des chars sont également faites de variétés de bois adaptées et à l'époque ramesside, on est capable d'en produire en utilisant exclusivement essences locales.

Fabricants d'arc et charrons se sont en effet améliorés depuis la XVIIIe dynastie et ont développé des solutions techniques nouvelles et adaptées à l'Égypte, ce qui implique de limiter les importations. La maîtrise de cette technologie et de toute la chaîne de production a un intérêt stratégique.

PRÉPARATIFS DE FÊTE

Les charrons sont au travail et fabriquent les jougs, les fourchons d'encolure, la main courante, le cerclage et les rayons des roues, ainsi que la pièce maîtresse, le timon, qui doivent être patiemment chauffés et cintrés, après avoir été taillés dans des essences choisies avec soin.

Aujourd'hui ce ne sont pas des véhicules de combat mais des chars de cérémonies que l'on assemble : ils sont destinés à la prochaine fête-*sed* du roi. Khâmouaset peut se réjouir, car les artisans sont en avance sur le calendrier, et les bois ont l'air de parfaitement remplir leur rôle esthétique et fonctionnel.

Cette fois, les véhicules n'auront pas à être légers et rapides mais devront au contraire supporter de lourdes décorations et une allure assez lente. Les artisans doivent sans cesse s'adapter. Ils réparent aussi des chars dont les timons ou les essieux ont été brisés ou changent des roues.

D'autres objets en bois sont en cours de préparation pour les festivités. Ce sont des chaises et des tabourets ou de riches coffrets en marqueterie, incrustés d'ivoire et d'ébène, des statuettes, des éventails, auxquels on ajoute des plumes d'autruches.

L'OR DES RAMSÈS

Après avoir jeté un dernier regard au travail du cuir, Khâmouaset parvient au quartier des orfèvres, voisin de celui des fabricants d'armes où l'on travaille le bronze, comme cela sera le cas des siècles plus tard, à la Basse Époque. Les artisans bronziers et les orfèvres ont en effet le travail du métal en commun.

Le grand prêtre a ses habitudes dans ces ateliers car, comme beaucoup de ses contemporains des milieux les plus privilégiés, il a développé un goût prononcé pour les parures les plus ostentatoires. En matière ornementale, l'époque ramesside n'est pas à la sobriété, bien au contraire.

Les orfèvres égyptiens travaillent avant tout l'or de Nubie. Dans la correspondance diplomatique, les autres souverains de l'Orient méditerranéen font souvent allusion – pour en réclamer – à l'or égyptien, que l'on trouve en abondance sur le territoire des pharaons. Mais cette abondance implique des moyens colossaux en hommes et en infrastructures : l'exploitation des mines d'or est une préoccupation majeure du pouvoir royal, qui envoie des expéditions dans le désert régulièrement pour prospecter, trouver de nouveaux gisements, sécuriser l'acheminement du métal précieux à travers tout le pays.

Un document de la XXe dynastie aujourd'hui conservé à Turin, connu sous le nom de « papyrus des Mines d'Or », correspond à l'une des plus anciennes cartes du monde, où sont indiqués entre autres les emplacements des gisements de ce précieux minerai dans une partie du désert oriental égyptien. Le problème de l'exploitation ne se pose pas pour l'argent en revanche, car on n'en trouve quasiment pas en Égypte et qu'il doit donc être importé, de Chypre en particulier.

Il résulte de cette rareté que ce dernier est aussi très prestigieux, peut-être même plus que l'or dans certains cas. Un autre métal, l'électrum, que l'on trouve à l'état natif mais qui peut aussi être produit artificiellement, correspond à un mélange d'or et d'argent dont les Égyptiens sont également friands.

LES PIERRES ET LEUR MAGIE

Les métaux précieux, fondus par les orfèvres, servent à fabriquer de la vaisselle précieuse utilisée dans la liturgie. Aiguières et vases inscrits aux noms des rois viennent enrichir les trésors des temples et sont sortis occasionnellement pour les fêtes. Mais certains artisans sont spécialisés dans la joaillerie et consacrent leurs talents à la fabrication de bijoux, pour les vivants mais aussi pour les morts.

Pour compléter l'éclat de l'or, ce matériau inaltérable dont les Égyptiens pensent qu'il constitue la chair des dieux, on ajoute des pierres précieuses et semi-précieuses : la cornaline rouge, le feldspath vert, la turquoise bleue verte, le lapis-lazuli au bleu profond. Chaque pierre a des valeurs magiques et symboliques propres, particulièrement en contexte funéraire, qui sont souvent plus importantes que leur valeur strictement « pécuniaire ». Ainsi, lorsqu'il est trop difficile de s'en procurer ou que l'on dispose de moyens un peu plus limités, on peut remplacer avantageusement les pierres par de la pâte de verre colorée.

Sous les yeux de Khâmouaset, on met d'ailleurs la touche finale à un superbe pectoral en électrum qui emploi ces matériaux artificiels. Le bijou adopte la forme trapézoïdale caractéristique des chapelles sacrées, qui sert de cadre à un décor complexe : dans la partie supérieure, le cartouche de Ramsès II est protégé par les ailes déployées d'un faucon à tête de bélier, lui-même placé entre les ailes de la déesse vautour Nekhbet associée à la déesse cobra Ouadjet. Les deux divinités, depuis les origines de l'Égypte pharaonique, protègent la royauté égyptienne. Les soudures discrètes, les ciselures précises et les nombreuses incrustations de pâtes de verre colorées parfaitement ajustées, témoignent une fois de plus du savoir-faire des artisans égyptiens.

DU CARQUOIS AUX CHAUSSURES : L'IMPORTANCE DU CUIR

Khâmouaset continue son chemin un moment. Il se rapproche de plus en plus de la périphérie de la ville et finit par s'arrêter au niveau des ateliers de cordonnerie. L'odeur de cuir y est très prenante, et des piles macabres de peaux animales signalent le lieu.

Le travail du cuir, mais aussi de la peau brute, a également une grande importance en Égypte. Les peaux, essentiellement de bovidés, sont raclées et traitées puis confiées aux artisans spécialisés qui les transforment en différents objets de la vie quotidienne. Il s'agit d'abord de lanières de différentes tailles, utilisées pour attacher toutes sortes de choses et notamment pour fixer les lames des outils à leurs manches. De tels liens complètent chevilles et colles animales sur un assemblage aussi complexe que le char.

Ce dernier est directement concerné par le travail du cuir car les parois de sa nacelle, lorsqu'il s'agit d'exemplaires destinés à la guerre et la chasse, sont faites de ce matériau. Il en va de même pour divers éléments du harnachement des chevaux, tels que les guides ou les brides, ainsi que pour d'autres armes : étuis d'arcs, carquois, cuirasses, fourreaux de poignards, boucliers ou protections pour le poignet des archers, que la corde de l'arc peut blesser.

Une partie non négligeable de l'activité des cordonniers consiste cependant à fabriquer des chaussures. Celles-ci peuvent être fermées ou ouvertes, et le cuir leur donne une robustesse plus marquée que leurs équivalents en fibres végétales tressées, en revanche plus faciles à fabriquer. Les chaussures de cuirs sont du plus bel effet une fois ornées de coutures décoratives, incisées de motifs géométriques ou floraux, et même dorées pour les plus onéreuses.

Quel que soit leur matériau, les chaussures sont un produit de luxe surtout destiné à l'élite, même si elles deviennent plus fréquentes dans l'iconographie à l'époque ramesside. La plupart des Égyptiens marchent sans doute pieds nus, et même la noblesse n'utilise pas forcément ses chaussures au quotidien.

L'ÉCONOMIE FLORISSANTE DE LA CÉRAMIQUE

À présent Khâmouaset arrive dans le quartier des potiers. Ceux-ci disposent de fours immenses et consomment de grandes quantités de combustible, et pour cause : leur production, bien qu'artisanale, se fait à une échelle quasi industrielle. Il faut dire que la céramique, sous toutes ses formes, joue un rôle essentiel : des milliers de contenants en terre cuite, tous les jours, circulent dans le pays et hors de ses frontières, remplis notamment de denrées alimentaires.

L'importance de la céramique dans les sociétés antiques n'a d'égal que son utilité pour les archéologues, car l'étude des millions de tessons que l'on retrouve sur les sites apporte des informations capitales susceptibles d'apporter des éléments de réponse à des problématiques très variées. En Égypte en particulier, les fragments de poterie rougeâtres qui affleurent à la surface du sol permettent bien souvent d'identifier, sans même avoir à fouiller, un site antique.

L'examen des tessons par les céramologues, qui étudient le grain de la pâte à base d'argile qui les composent, mais aussi sa couleur ou la forme des vases auxquels ils appartiennent originellement, permet de dresser un véritable catalogue de référence, dont la principale utilité est d'être l'un des outils de datation parmi les plus fiables de l'archéologie.

Les différentes caractéristiques des poteries évoluent en effet avec le temps, mais comme cette évolution porte sur des objets produits en masse et renouvelés fréquemment, il est possible de la suivre très finement, et de dater des tessons parfois à quelques dizaines d'années près. Comme la documentation historique mentionnant des dates claires et précises est marginale à l'échelle de l'histoire pharaonique et de l'Égypte entière, les conclusions des céramologues sont particulièrement déterminantes pour l'interprétation d'un site et de sa chronologie relative.

Il faut ajouter à ceci que la céramique implique l'utilisation d'une matière première de base que l'on prélève sur place, la terre, dont l'analyse peut révéler la provenance, d'autant plus que chaque centre de production dispose de sa recette spécifique. Comme certains objets en céramique circulent beaucoup, leur étude permet de retracer leurs parcours d'un point à un autre, sur des dizaines, des centaines voire milliers de kilomètres de distance.

Ainsi c'est une grande partie de l'économie antique que la céramologie permet de mieux appréhender. Dans les ateliers de Memphis, on fait ainsi cuire des milliers de poteries montées au tour, en utilisant de la terre locale et mêlés à d'autres ingrédients en proportions variables selon la fonction de l'objet souhaité : coupes et coupelles, bols et assiettes, jarres à bière et amphores à vin, moules à pains, récipients en tous genres, de toutes formes et de toutes tailles... Une bonne partie est utilisée sur place, tandis que le reste se retrouvera dans d'autres villes d'Égypte, le long du fleuve.

SAQQARA SOUS LES ÉTOILES

La promenade de Khâmouaset s'est finalement transformée en une véritable tournée d'inspection. Le prince a pu constater que la plupart des ateliers, dépendant du grand temple de Ptah et placés sous son autorité, fonctionnent bien.

La prospérité et la réputation de la ville de Memphis sont assurées. Le travail va d'ailleurs s'y poursuivre tard le soir, et déjà des serviteurs commencent à apporter des lampes à huile et des torches pour prendre le relais de la lumière du soleil qui commence à décliner.

Khâmouaset, quant à lui, a pris sa décision. Ces quelques heures intenses passées au milieu des cris et des invectives des artisans, doublés des bruits des outils et de la chaleur des fours, lui ont donné envie de passer la soirée au calme.

Il ira donc une nouvelle fois contempler sous les étoiles les monuments de ses prédécesseurs dans la nécropole de Saqqara, qui incarne à merveille la continuité de l'histoire pharaonique : les tombes des rois de l'Ancien Empire et de leurs fonctionnaires y côtoient celles de certains des plus hauts serviteurs de l'État au Nouvel Empire, et on continuera à s'y faire inhumer pendant le millénaire suivant.

Chapitre VI

Début de soirée à Pi-Ramsès

Passé Memphis, le Nil se divise en plusieurs branches, qui à l'époque pharaonique suivent un cours différent de celui de l'époque moderne. L'une de ses branches part vers l'est, et d'après la documentation du Ramesseum, les Égyptiens l'appelaient alors l'« eau de Prê », « Prê » étant un autre nom du dieu solaire Rê. Cette branche du fleuve mène jusqu'à la ville de Pi-Ramsès, littéralement la « Maison de Ramsès », capitale politique et administrative de l'Égypte ramesside, qui s'élève sur une butte prise entre deux bras du fleuve.

Ce soir-là alors que le soleil décline, Ramsès lui-même contemple, depuis la terrasse de son palais, la ville dont il entend au loin le brouhaha permanent des ruelles animées.

Ce n'est probablement pas Ramsès II qui a fondé Pi-Ramsès mais plutôt son père Séthi Ier. En revanche, il l'a considérablement embellie et en a fait la métropole qu'elle est à présent. L'emplacement de la ville – non loin de l'ancienne capitale des Hyksôs, Avaris –, illustre bien les nouvelles tendances de la géopolitique sous les Ramsès : le pouvoir regarde désormais vers ses frontières du Nord, là où sont ses principaux rivaux, les Hittites et leurs alliés, devenus, après le traité de paix de l'an 21, ses principaux partenaires.

Pi-Ramsès inaugure là une longue tradition : après son abandon, les capitales successives de l'Égypte seront toujours au Nord, malgré l'importance que continue à avoir Thèbes dans le sud du pays.

LA MAISON DE RAMSÈS

Ramsès a de quoi être fier de sa ville. Il a encore en tête les vers de l'un de ces nombreux scribes qui composent à son intention d'innombrables flagorneries. Celui-ci l'a récemment surpris en déclamant un poème qui relève d'un nouveau genre littéraire à la mode : l'éloge de la ville, où l'on célèbre la beauté et la richesse des cités d'Égypte, sur un ton souvent nostalgique et aux accents d'exilé.

Plusieurs de ces textes décrivent Pi-Ramsès et ses quartiers, rendant hommage à celui qui les a construits, Pharaon, guidé par Rê lui-même. La « Maison de Ramsès » y est présentée comme une œuvre divine où il fait bon vivre, à l'ombre des arbres fruitiers, dans la fraîcheur des jardins remplis d'oiseaux, au bord de bassins plein de poissons.

On y trouve des victuailles en tous genres et en quantité infinie, les greniers à céréales débordent, fruits et légumes y poussent sans peine et ont le goût sucré du miel. Les colosses à l'image de Pharaon veillent sur les quartiers de la ville où la foule en liesse se presse, les jours de fêtes, pour rendre hommage à son roi, vêtue de neuf et bouquets de fleurs en mains.

Derrière les exagérations lyriques du poète, on devine la forte impression que devait faire Pi-Ramsès sur les contemporains pour susciter de telles descriptions. Si Thèbes et Memphis ne sont pas en reste dans la littérature, Pi-Ramsès a pour elle la présence de la majeure partie de la cour, qui s'est installée au plus près du roi.

La plupart des dignitaires du royaume y ont sans doute une villa où ils passent au moins une partie de l'année, quand ils ne sont pas retenus par leur devoir de haut fonctionnaire en province ou quand ils ne suivent pas les pérégrinations royales à travers le pays. L'élite égyptienne profite ainsi du luxe et de l'opulence de la résidence, là où se trouvent le roi et sa famille, car les richesses de toute l'Égypte y convergent. Les nobles drainent à leur tour les ressources jusqu'à Pi-Ramsès et contribuent ainsi au développement de la ville et à sa réputation.

UNE PLACE FORTE MILITAIRE

Ce jour-là, Ramsès a tenu malgré son âge à rendre visite à ses chevaux favoris dans les écuries royales, comme le fera à son tour Ramsès III, quelques décennies plus tard, d'après l'un des reliefs gravés sur une paroi de son temple funéraire à Médinet Habou.

La relation entre le roi et ses chevaux relève du discours idéologique officiel mais, depuis la Bataille de Qadech, les descendants des valeureux « Victoires-dans-Thèbes » et « Mout-est-satisfaite » méritent toutes les attentions du vieux roi.

À Pi-Ramsès, les fouilles ont permis d'identifier tout un complexe de bâtiments qui témoignent de l'importance militaire de la capitale. Avant de devenir la résidence principale du roi et l'un des centres urbains les plus prospères du pays, la ville a d'abord été conçue comme une plate-forme militaire et logistique assurant la protection de l'est du delta, située sur une île. Parmi les structures identifiées, des ateliers de fabrication de chars, des manufactures d'armes et des casernes, situés au sud du palais royal, témoignent de l'activité intense d'une garnison nombreuse et bien équipée.

L'archéologie révèle à Pi-Ramsès ce que l'iconographie et l'épigraphie permettent de restituer à Memphis : des éléments métalliques et lithiques, outils et armes, pièces de harnachement et moules en pierre ou polissoirs, nous renseignent sur les techniques de fabrication et les quantités d'armes produites. La marque de l'Arsenal, retrouvée gravée sur un poignard, matérialise le contrôle institutionnel de l'État qui s'exerce avec la plus grande rigueur au cœur du pouvoir.

LES ÉCURIES ROYALES

Les écuries royales de Pi-Ramsès sont sans conteste l'élément le plus impressionnant de ce complexe. Elles pouvaient accueillir près de cinq cents chevaux, parmi lesquels les attelages de Pharaon, identifiés par leurs noms personnels inscrits sur le linteau de la porte d'entrée de leurs boxes. Des palefreniers chargés de nourrir et de prendre soin des chevaux étaient logés sur place. Des terrains d'entraînement jouxtaient les écuries et les casernes, permettant de dresser les chevaux – en les habituant à fonctionner par paire, notamment.

Ces derniers ne sont pas seulement destinés à la guerre mais aussi à la parade. Si l'Égypte élève et sélectionne ses propres chevaux dans de nombreux haras répartis sur le territoire – et vraisemblablement tous placés sous l'autorité du palais –, il arrive encore que sous les Ramsès on en importe. Les équidés sont aussi un cadeau diplomatique prisé des puissants dont on trouve fréquemment la trace dans la correspondance des rois.

Certaines races et couleurs sont particulièrement recherchées. Ainsi, sous Ramsès III, un certain Pahemnetjer, « envoyé royal dans tous les pays étrangers et chef d'écurie du Maître des Deux Terres », décrit les chevaux de parade qu'il a eu pour mission de ramener en Égypte « au beau poil [?], à la démarche altière, au poitrail parfait »[1].

1. Linteau de Pahemnetjer, cf. *KRI* V, 392, 13-393, 8.

Entourée par le fleuve, Pi-Ramsès peut aussi compter sur la présence à proximité du port de « Pérou-Néfer », littéralement « Bon Voyage » en égyptien ancien. Son emplacement a longtemps été discuté mais on le situe aujourd'hui au sud de la capitale ramesside, près de l'ancienne Avaris. Pérou-Néfer sert de principale base navale à la marine égyptienne, qui contrairement à un cliché très répandu, ne se contente pas du fleuve mais sait parfaitement naviguer en pleine mer.

L'Égypte dispose ainsi d'une véritable capacité de projection de ses troupes *via* des navires qui peuvent transporter des soldats supplémentaires ou du ravitaillement vers le territoire levantin, pour appuyer l'armée principale qui emprunte la voie terrestre. Les navires égyptiens ont aussi pour mission de protéger la voie maritime jusqu'au Levant, sous la menace constante de pirates qui sillonnent le long des côtes : déjà à cette époque, ceux que l'on nomme les « Peuples de la Mer » – dont les Chardanes, par exemple, font partie – constituent un danger pour la région.

UNE VILLE OUVERTE SUR LE MONDE

Un échanson vient apporter une coupe de vin à Ramsès. La visite aux écuries, même si celles-ci sont proches du palais, a fatigué le roi. Comme toutes ses apparitions publiques, elle a en effet nécessité tout un décorum qui n'est plus de son âge.

Las, assis sur une chaise en bois et en ivoire magnifiquement ouvragée, Ramsès a les sandales directement posées sur un décor qui représente les ennemis de l'Égypte, entravés et vaincus. Même en temps de paix, l'idéologie pharaonique veille à ce que chacun reste à sa place.

Capitale de l'une des plus grandes puissances mondiales de l'époque, Pi-Ramsès est une ville résolument ouverte sur l'Orient méditerranéen. Elle rayonne à l'extérieur des frontières de l'Égypte où on en parle comme d'une capitale raffinée, celle où depuis plusieurs décennies règne Ramsès le Grand. Pi-Ramsès compte son lot de diplomates et de marchands étrangers. Ceux-ci viennent des royaumes de Syro-Palestine, d'Assyrie et de Babylonie, de Chypre et de la Grèce continentale, et bien sûr du vaste empire hittite.

Ramsès a contracté plusieurs mariages diplomatiques au cours de sa vie avec des princesses étrangères, et par deux fois avec des filles du Grand Roi du Hatti, consolidant par ce lien matrimonial la paix égypto-hittite. Son mariage de l'an 34 avec une princesse hittite, devenue la grande épouse royale Maât-Hor-Neferourê, est ainsi relaté sur plusieurs stèles dont l'une a été placée dans le grand temple d'Amon à Karnak.

La princesse hittite n'est pas venue seule mais accompagnée d'une importante suite de courtisans et de serviteurs qui se sont installés dans la capitale, apportant leurs langues, leurs croyances et leurs modes de vie.

Pi-Ramsès voit arriver des étrangers tous les jours. Ils débarquent sur les quais du port de Pérou-Néfer, qui joue aussi un rôle commercial. Certains viennent offrir leurs services et chercher une vie meilleure en Égypte, d'autres sont là pour commercer. Venus du Levant et de Chypre, des bateaux remplis à ras bord viennent déposer leurs marchandises, qui sont transférées dans les entrepôts de la capitale. Une partie sera redistribuée dans les différents sanctuaires d'Égypte, *via* le fleuve.

UNE ÉCONOMIE « MONDIALISÉE »

On importe des matières premières, surtout des lingots d'étain et de cuivre, des matériaux utilisés dans les manufactures d'armes de Pi-Ramsès et celles de Memphis, mais aussi du cèdre du Liban, essentiel dans la construction navale ou pour les barques sacrées des dieux. Ces produits viennent parfois de très loin, ainsi l'étain de Cornouailles et le lapis-lazuli d'Afghanistan, qui de proche en proche trouvent leur chemin jusqu'au Nil.

Les marchands peuvent aussi compter sur l'élite égyptienne, toujours en quête de distinction sociale et friande d'exotisme, pour écouler toutes sortes de produits de luxe, parmi lesquels on trouve notamment des parfums, des onguents, du vin et de la bière importés, dont la forme des contenants trahit l'origine et augmente la valeur.

En échange, l'Égypte exporte aussi, par exemple des objets en « faïence » siliceuse, un matériau qui d'apparence est à mi-chemin entre la céramique et le verre, mais fait à partir de quartz fondu et recouvert d'une glaçure bleue, décorée de détails peints en noir. Le succès de cette production de semi-luxe dont la couleur rappelle la fraîcheur végétale des bords du Nil est déjà bien établi à l'époque ramesside, y compris en dehors des frontières égyptiennes.

Les nobles égyptiens et leurs homologues de l'Orient méditerranéen sont prêts à mettre le prix pour posséder la dernière babiole à la mode et montrer ainsi leur appartenance à une élite dont on dirait volontiers aujourd'hui qu'elle est « mondialisée ».

LES VILLAS DE L'ÉLITE

Ramsès connaît bien les courtisans qui fréquentent le palais. La plupart lui doivent directement leurs postes au sein de l'armée, du clergé ou de l'administration, qu'il a savamment distribués en tenant compte d'équilibres politiques qu'on ne peut que tenter de deviner de nos jours, en s'appuyant sur une documentation très lacunaire.

En cette fin de règne, les principaux hauts fonctionnaires sont les descendants de ceux qu'a nommés le roi, en plus de ses propres fils. Les charges se transmettent en effet souvent de père en fils dans la pratique, même s'il ne s'agit pas d'une règle. Les dynasties de nobles ainsi constituées soutiennent le pouvoir royal sans réserve, car c'est de la volonté de Pharaon et de lui seul que découlent leurs nombreux privilèges.

L'élite égyptienne ne vit pas dans les ruelles denses et serrées du tissu urbain, mais plutôt dans des villas avec jardins, celles-là mêmes qui inspirent les poètes et que l'on trouve soit dans des quartiers résidentiels dédiés soit en périphérie des grandes villes.

Les hauts dignitaires les plus riches habitent dans de véritables domaines entourés par des murs d'enceintes, avec dépendances, jardins, étangs, et leurs propres ateliers de production et magasins de stockage. Ces domaines sont associés à des terres cultivables et abritent des dizaines de serviteurs. On n'y manque de rien alors qu'ailleurs en Égypte, même sous le règne de Ramsès II, il arrive que l'on soit confronté à la disette et à la famine.

L'écart entre les riches et les pauvres dans l'Égypte ancienne est très important. Les uns vont nus ou vêtus de simples pagnes en tissus rugueux quand les autres ont une vaste garde-robe dispendieuse en lin fin : différentes qualités de textiles pour différentes qualités de vie. Il faut souligner encore une fois que pour le Nouvel Empire, la grande majorité des objets qui nous sont parvenus illustre d'abord et avant tout les conditions de vie de l'élite dirigeante.

La culture matérielle que nous connaissons, celle qui a façonné notre vision de la civilisation pharaonique, est essentiellement celle des nobles égyptiens, une élite instruite et fortunée, dont la vie quotidienne est bien plus douce que celles des hommes et des femmes du commun.

SPORT ET LOISIRS

Le niveau de vie des nobles leur permet notamment de consacrer une partie de leur temps à diverses distractions. Parmi celles-ci, la chasse occupe une place prépondérante. En revenant des écuries, Ramsès a d'ailleurs vu un groupe de jeunes hommes en grande conversation, de manifestement de retour d'une partie de chasse qui lui a rappelé sa propre jeunesse.

L'idéologie royale accorde une place non négligeable aux exploits cynégétiques du roi car la chasse est similaire, d'un point de vue symbolique, de la guerre. Attraper un taureau sauvage au lasso est l'équivalent de soumettre un chef ennemi. Dans les deux cas, il s'agit en effet de repousser les forces du chaos qui menacent l'ordre du monde dont Pharaon est le garant, que celles-ci soient incarnées par des animaux sauvages ou par les troupes adverses.

Réelles ou fictives, les scènes chasses royales sont ainsi mises en parallèle avec les scènes de batailles sur différents monuments du Nouvel Empire, adoptant une composition parfaitement similaire qui en dit long sur leur signification : le temple funéraire de Ramsès III à Médinet Habou en propose ainsi des exemples particulièrement éloquents qui, comme une partie non négligeable du programme décoratif de ce roi, ont peut-être été inspirés par des monuments de Ramsès II.

En chassant, l'élite imite le roi, cherchant elle aussi à se conformer aux préceptes de la Maât, mais pratique aussi une forme d'activité sportive. Elle se distingue ainsi des plus modestes, qui braconnent des oiseaux dans les marais simplement pour améliorer leur ordinaire. Depuis l'Ancien Empire, les nobles prennent plaisir à lancer des bâtons de jets ou à décocher des flèches sur des volatiles.

Au Nouvel Empire, l'introduction du char ajoute un peu de difficulté : il faut désormais tirer depuis le véhicule en mouvement, si l'on veut approcher les exploits du roi que l'iconographie montre seul, guidant son attelage avec les rênes attachées à la taille. Parfois on se contente aussi de simples promenades bucoliques en char, dans la campagne environnant la capitale.

LE JEU DU *SENET*

À l'intérieur des villas, on passe le temps en jouant au *senet*. Ce jeu de plateau, qui a aussi une connotation religieuse et plus spécifiquement funéraire encore mal comprise, nous est parvenu en plusieurs exemplaires : il se présente sous la forme d'un plateau de trente cases, le plus souvent représenté sur une boîte qui contient les pions.

Ceux-ci adoptent une forme conique ou à têtes animales, et chaque joueur doit les déplacer dans un parcours qui comprend, un peu à la manière du jeu de l'oie, des dangers à éviter. On lance l'équivalent de dés pour pouvoir avancer. Les règles précises du jeu de *senet*, comme celles d'autres jeux comparables et contemporains, restent toutefois difficiles à reconstituer. Des versions plus populaires du jeu existent, loin des boîtes et des plateaux ouvragés de l'élite, en marqueterie de luxe ou en « faïence » égyptienne.

MONDANITÉS ET POLITIQUE

C'est soir de fête dans la capitale mais Ramsès a décidé de rester au palais. Sa présence n'est pas nécessaire et il préfère laisser les mondanités et la fréquentation des soirées des nobles à ses fils, notamment les plus jeunes, qui y ont leur place réservée.

Si l'on ignore tout de la vie mondaine de la capitale, on imagine volontiers qu'elle est assez dense. On peut aussi, grâce à des représentations de fêtes religieuses ou de cérémonies funéraires qui incluent des banquets, ainsi qu'à quelques évocations littéraires, reconstituer l'ambiance d'une soirée de fête dans une villa de nobles.

En revanche le contenu des inévitables conversations entre nobles nous échappe, mais il ne fait guère de doute, surtout en cette fin de règne, que les élites profitent de ces évènements sociaux pour entretenir leurs réseaux et gagner de l'influence. Dans ce microcosme, tous les moyens sont bons pour s'élever encore davantage dans la société. Chacun essaye d'obtenir les faveurs du roi et des membres de sa famille.

On célèbre ostensiblement le pouvoir royal, non sans arrière-pensées car la succession de Ramsès est dans toutes les têtes. Il faut miser sur le bon fils de Ramsès II, celui qui lui succédera effectivement car Khâmouaset, l'héritier actuel, est déjà âgé.

Les femmes ne sont pas en reste et participent activement à ce jeu de *senet* politique. On cherche ainsi à marier ses enfants à d'autres familles pour créer ou consolider des alliances, ou à placer ses fils à des postes prestigieux, au sein de l'armée ou du clergé, après une solide éducation auprès des meilleurs scribes.

À leur niveau, les élites reproduisent le modèle royal en commandant des statues et des stèles déposées dans les temples ou les tombes, servant ainsi la Maât et s'assurant la protection de leurs dieux ou de leurs ancêtres. Rien ne se fait toutefois sans l'assentiment du roi et de ses proches.

KHÔL NOIR, PAGNES ET PERRUQUES

Pour être pris au sérieux par leurs pairs et afficher leur richesse, les courtisans doivent soigner leur apparence. La grande quantité d'objets de toilette et l'importance des produits cosmétiques dans la culture matérielle de l'élite en sont indice flagrant. Ainsi, si les jeunes gens ont pris le temps de chasser cette après-midi, leurs parents ont consacré une bonne partie du leur à se préparer pour la soirée.

Hommes et femmes doivent d'abord se maquiller, en se fardant les paupières, comme à leur habitude. Le khôl noir égyptien est fabriqué à l'aide de sulfure de plomb, et son utilisation permet de prévenir certaines affections oculaires, ce dont les Égyptiens étaient vraisemblablement conscients. Il faut ensuite choisir avec soin une perruque, faite de fibres végétales ou même de vrais cheveux.

Le port de la perruque est systématique dans la haute société. À l'époque ramesside, la mode est aux bouclettes, aux frisons et aux tresses sophistiquées. Les cheveux, vrais ou faux, ont une connotation érotique, et les perruques amples des dames sont ainsi pleines de sous-entendus. Viennent ensuite les vêtements, qui sont fabriqués dans un lin fin et délicat, d'un blanc immaculé.

Les hommes portent des pagnes mais aussi des tuniques et des chemises amples, transparentes et aux pans plissés. Les femmes sont vêtues de robes diaphanes et moulantes qui soulignent leurs formes, dont les détails sont néanmoins cachés sous les différents châles qui s'y superposent. L'art ramesside se plaît à jouer sur ces niveaux de transparences brisés par les obliques détaillés des plis et replis des vêtements. Des sandales en fibres végétales tressées complètent la tenue.

LES PARURES DU POUVOIR

En règle générale, l'époque est aux fioritures et aux ornements. On consacre donc une attention particulière au choix des bijoux. De lourdes boucles d'oreilles font leur effet mais on peut également porter des bracelets aux poignets, voire au niveau du biceps ou encore aux chevilles.

Des pendentifs et des bagues s'ajoutent à cette panoplie, dont l'élément le plus important est le large collier de perles colorées débordant sur les épaules, aux fermoirs d'or adoptant parfois la forme de têtes de faucons, marqueur sans équivoque du statut social très élevé de son porteur.

Les fonctionnaires les plus fidèles de Ramsès peuvent ajouter à cela un collier à double rangée de perles en or, offert en récompense pour service rendu, suivant une tradition qui remonte à la dynastie précédente. Ainsi maquillés, vêtus et parés, les invités peuvent se rendre chez leur hôte, dans des chars conduits par des auriges et sans doute accompagné de serviteurs.

À LA TABLE DES NOBLES

Le vin que boit Ramsès lui a été offert par un roitelet du Levant dont il a oublié le nom. L'amphore qui le contient possède une forme et un décor caractéristique qui trahit cette provenance exotique.

Le breuvage procure un certain réconfort au vieux roi. Pendant ce temps, les invités arrivent et après les salutations d'usage viennent s'attabler.

L'ivresse a un statut ambigu dans la société égyptienne. Dans la littérature didactique à destination des apprentis scribes, l'abus de boisson est logiquement condamné car il éloigne ces derniers de leurs papyrus, compromettant ainsi leur formation. Pourtant la documentation est formelle : les Égyptiens sont de grands amateurs non seulement de bière mais aussi de vin, surtout lors des fêtes.

La bière commune cède alors la place à différents breuvages dont la nature précise nous échappe la plupart du temps, mais auxquelles on se réfère dans les textes en utilisant un vocabulaire particulièrement riche et diversifié. Il y a bien sûr d'autres types de bières, qui sont filtrées davantage et donc moins épaisses et plus douces, mais l'élite égyptienne aime surtout le vin, un produit de luxe qu'elle consomme en grande quantité.

Ce vin est souvent millésimé, et des inscriptions à l'encre noire à même les jarres, en cursive hiératique, indiquent sa date de fabrication – en se référant une année de règne, le plus souvent du roi en exercice –, ainsi que le domaine d'origine, voire le nom du vigneron. Le cas échéant on précise aussi la qualité du breuvage.

Les amphores qui contiennent le vin sont fermées à l'aide de bouchons en terre crue mêlée à de la paille recouvrant une coupelle renversée. Ces bouchons sont marqués à l'aide de sceaux qui précisent le nom du domaine viticole. À l'époque de Ramsès II, les domaines situés dans le Delta oriental, près de Pi-Ramsès, sont les plus prestigieux. Les dates inscrites en hiératique sur les jarres à vins sont particulièrement précieuses d'un point de vue historique, car elles permettent de documenter des années de règne dont elles sont parfois l'unique témoignage.

À côté des vins du delta il y a aussi ces fameux vins d'importations, très appréciés pour leur goût et parce qu'ils sont une marque de richesse manifeste, puisqu'on les fait venir de loin et à grands frais. Pour l'adoucir, le vin est parfois additionné de miel, un mélange qui correspond peut-être au *chedeh*, une boisson de fête qui apparaît fréquemment dans les sources égyptiennes.

Le vin accompagne des mets raffinés que les cuisiniers ont passé toute l'après-midi à préparer. À la table des nobles ce soir, on ne se contente pas d'un peu de poisson et de pain commun. Les bouchers ont été mis à contribution et on trouve au contraire de la viande en abondance : morceaux choisis de bœuf et volailles rôties, oies et canards, accompagnés de légumes et de fruits en grande quantité.

Les boulangers ont également participé à la préparation du repas : ils ont fait cuire des dizaines de pains spéciaux et de pâtisseries différents, dont on ignore la composition exacte, mais pour lesquels la langue égyptienne dispose d'un lexique apparemment infini. Ces bouchées gourmandes sont fourrées ou saupoudrées de fruits secs, mais aussi enrichies de miel, convoqué une fois de plus pour son pouvoir sucrant. Les invités arrivent dans la villa de leur hôte et le repas s'annonce délicieux.

BANQUET, CHANTS ET PARFUMS

Les nobles égyptiens s'assoient pour prendre part au banquet et commencent à boire et à manger. Il y en a pour tous les sens. Des peintures murales aux couleurs vives, avec des motifs végétaux, font écho aux plantes des luxuriants jardins que l'on trouve à l'extérieur. Des fleurs sont distribuées aux convives, sous forme de bouquets, de couronnes ou de colliers. On a également pris soin de s'enduire de parfums onéreux et de l'encens est brûlé en continu à l'intérieur.

Les chants des oiseaux se mêlent aux discussions des convives et aux sons des instruments de musiques : luths, flûtes, hautbois et percussions diverses, au rythme desquels bougent les corps des danseuses, quasi-nues sous des voiles transparents. Les mélodies de ce temps nous sont quasiment inaccessibles, mais certains textes littéraires, comme les « chants d'amour », donnent une idée de ce qui pouvait divertir les nobles ramessides.

On y célèbre les formes des jeunes femmes courtisées par des amants transis d'amour et cherchant à les rejoindre par tous les moyens. Ces textes utilisent des figures de styles à foison – métaphores, comparaisons, hyperboles – et leur étude a révélé un véritable système de versification, une métrique, dont les détails sont encore discutés mais qui implique sans doute que ce type de littérature était déclamé devant un public d'amateurs, appartenant à l'élite culturelle du pays, entre quelques hymnes royaux, éloges de la ville ou récits narratifs. Une fois de plus, de telles pratiques orales sont particulièrement difficiles à prouver.

La soirée des nobles ne fait que commencer. Dans son palais, en dégustant son vin, Ramsès pense quant à lui à cette lettre qu'il a dictée à l'un de ses scribes et faite envoyer au vizir Khay une quinzaine de jours plus tôt.

Si tout va bien, la lettre a dû arriver le jour même. Elle concerne les travaux menés sur la rive ouest de Thèbes et en particulier dans la Vallée des Rois. Ramsès y confie à Khay la mission de vérifier que la tombe des fils royaux avance comme prévu, et lui demande aussi de mener une inspection de la Vallée des Reines.

Même à soixante-dix-sept ans, Ramsès le Grand veille à tous les détails.

Épilogue

La nuit a fini par tomber sur l'Égypte. Le flot impétueux du Nil se jette enfin dans la Méditerranée. Dans le monde des dieux, Rê embarque pour son voyage nocturne et s'apprête à affronter une fois de plus Apophis et ses sbires, afin de renaître le lendemain et d'illuminer à nouveau les Deux Terres.

À Assouan, la visite du vizir Khay s'est bien passée et les notables locaux sont soulagés. Setaou, le vice-roi de Kouch, a également pris le chemin du retour. Les carriers ont rangé leurs outils et prennent un repos bien mérité.

Le lendemain verra l'extraction d'énormes blocs de granit rose dont la capitale a passé commande depuis déjà plusieurs semaines.

À Thèbes, les statues des dieux ont encore quelques heures devant elles avant d'être réveillées par les prêtres. Les blocs de grès du Gebel el-Silsileh ont été débarqués et le chantier permanent du grand temple d'Amon à Karnak est suspendu pour la nuit.

Le grand prêtre Bakenkhonsou peut dormir sur ses deux oreilles : tout s'est déroulé comme prévu aujourd'hui.

Sur la rive ouest, l'équipe de droite a finalement regagné le village de Deir el-Médina. Les artisans ont rejoint leurs familles et s'accordent un peu de bon temps. De son côté Qenherkhepechef a décidé de veiller tard. Libéré pour quelques heures des tracas administratifs, il en profite pour avancer dans la copie de textes littéraires qui viendront compléter sa bibliothèque.

À Hermopolis, la garnison s'apprête à profiter d'une bonne nuit de sommeil après un entraînement particulièrement éprouvant. Le Général Youpa est déjà endormi et dans ses rêves, il s'imagine combattant aux côtés du roi sous les murs de Qadech, décochant ses flèches du haut de son char sur l'ennemi en surnombre.

À Memphis, les renards du désert sortent de leurs cachettes et s'infiltrent dans les nécropoles. Des gardiens leur jettent des pierres, entre deux parties de *senet* ; ils jouent à une version simplifiée, faite de cailloux et de quadrillages gravés sur des blocs. Le prince Khâmouaset est venu leur tenir compagnie.

À Pi-Ramsès enfin, la fête se prolonge : les grands crus du delta et les vins du Levant coulent à flots dans les villas des nobles, d'où proviennent des éclats de rire et les chants des convives qui vont continuer la fête jusqu'au matin. Un serviteur épuisé profite d'une pause pour manger des figues sous un sycomore, les yeux levés en direction du palais royal.

Ramsès, pour sa part, a du mal à dormir. Ses dents et ses articulations le font terriblement souffrir et les remèdes des médecins du palais sont de moins en moins efficaces. Les prières aux dieux d'Égypte n'y font rien.

L'analyse de la momie du roi a montré que ses dernières années ont dû être particulièrement éprouvantes. Pourtant, en l'an 55, il reste à Ramsès II encore un peu plus de onze ans de règne.

Mais le roi l'ignore et s'inquiète naturellement pour sa succession. Cette inquiétude est justifiée car déjà plusieurs héritiers sont morts prématurément, et ce n'est finalement pas Khâmouaset qui succédera à Ramsès, mais un autre de ses fils, le treizième, qui porte le nom de Mérenptah.

L'après-Ramsès II

Dès le règne de Mérenptah, l'héritage de Ramsès II est en péril : le nouveau roi doit notamment repousser les assauts des Libyens, toujours prêts à profiter de la moindre faiblesse de la part de l'Égypte. Malgré ses victoires militaires et une activité architecturale non négligeable, le règne de Mérenptah dut paraître bien pâle aux yeux de ses contemporains en comparaison de celui de son père.

À sa mort, le pays commence à s'enfoncer dans une longue crise dynastique, qu'on interprète souvent comme la conséquence de la longévité de Ramsès II et de la progéniture nombreuse qu'il a engendrée : la famille royale est dotée de ramifications infinies qui ne peuvent que rendre plus complexes encore les problèmes de succession. Les détails de cette crise politique sont mal connus mais elle se double d'une conjoncture de plus en plus défavorable à l'échelle de l'Orient méditerranéen dans son ensemble.

LA CRISE DU XIIe SIÈCLE AV. J.-C.

À partir du XIIe siècle av. J.-C. en effet, c'est une crise globale et multifactorielle qui déstabilise la plupart des royaumes de la région : l'Empire hittite, alors principal partenaire de l'Égypte, ne s'en remettra pas, tandis que la Grèce mycénienne entre dans une phase de déclin et qu'au Levant certaines villes sont abandonnées.

L'Égypte elle-même est durement impactée et doit repousser des tentatives d'invasion ou des razzias opportunistes menées sur son territoire. Les sources égyptiennes de cette époque montrent que les conditions de vies se sont dégradées depuis le règne de Ramsès II, notamment à Deir el-Médina et plus largement dans la région thébaine, où l'on déplore une insécurité de plus en plus manifeste, tandis que la crise économique induite entraîne une multiplication des pillages dans la Vallée des Rois.

La fin du Nouvel Empire, malgré quelques embellies ponctuelles, voit le pouvoir central s'affaiblir durablement en Égypte, et le pays aura le plus grand mal à garder un semblant d'unité pendant les siècles suivants.

L'ampleur réelle et les causes précises de la crise du XIIe siècle av. J.-C. sont débattues mais des facteurs à la fois structurels et conjoncturels, impliquant des phénomènes climatiques, économiques ou encore migratoires, semblent se combiner pour marquer la fin d'une époque.

L'âge du Bronze récent et ses échanges entre grands empires sont terminés et pour ceux qui ont survécu, l'heure est au repli à l'intérieur des frontières. La crise aura toutefois ses gagnants puisqu'au début du millénaire suivant, l'Assyrie en profitera pour s'imposer peu à peu comme nouvelle grande puissance régionale.

LA POSTÉRITÉ DE RAMSÈS II

Des nombreux rois qui succèdent à Ramsès II sur le trône d'Horus jusqu'à la fin du Nouvel Empire, Ramsès III est celui qui s'en sort le mieux. Or, il est très frappant de constater que celui-ci tente d'imiter le plus possible son illustre prédécesseur, dont le règne est devenu une référence.

Le plan du temple funéraire de Ramsès III à Médinet Habou est directement inspiré du Ramesseum. Les fils de Ramsès III portent les mêmes noms que ceux de Ramsès II, et il en va d'ailleurs semblablement pour ses chevaux. Le nom même de « Ramsès » est porté par tous les rois de la XXe dynastie à partir de Ramsès III, pour signifier une filiation réelle ou symbolique avec Ramsès le Grand, un peu à la manière du « César » adopté par les empereurs romains.

Des siècles plus tard, dans les textes des auteurs classiques et dans une Égypte qui va finir par rejoindre le monde gréco-romain, le personnage de Ramsès II est confondu avec celui d'un autre grand pharaon,

Sésostris III, qui appartient à la XIIe dynastie et remonte donc au Moyen Empire.

Décrit comme un réformateur, un bâtisseur et un conquérant, ce roi légendaire emprunte et mélange des traits propres aux deux personnages historiques tels que les sources égyptiennes les présentent, c'est-à-dire avec un manque de nuances que même les préjugés grecs ont du mal à tempérer.

Cette figure mythique, créée notamment à partir de Ramsès II, montre à quel point le règne de celui-ci marqua durablement le pays, s'imprimant dans sa mémoire collective. Pour les Égyptiens des époques tardives, l'historicité de ce Ramsès-Sésostris est d'ailleurs supportée par de nombreux monuments encore en bon état, dont beaucoup ont été construits précisément par Ramsès II pour que son nom ne soit pas oublié.

Or, même si bientôt plus personne n'est capable de déchiffrer son cartouche, à mesure que la civilisation pharaonique disparaît en emportant avec elle le secret des hiéroglyphes, la mémoire de Ramsès et de son époque peut compter sur une autre tradition culturelle et religieuse pour perdurer.

RAMSÈS II ET LA BIBLE

La Bible elle-même a en effet gardé la mémoire de Pi-Ramsès, la ville d'où les Hébreux guidés par Moïse s'enfuirent d'Égypte pour échapper aux persécutions égyptiennes et répondre à l'appel de leur dieu. À l'époque supposée de la rédaction du Livre, c'est-à-dire à partir du VIIIe siècle av. J.-C. environ, Pi-Ramsès était pourtant déjà abandonnée depuis longtemps.

La branche du Nil qui la bordait des deux côtés s'était déplacée vers l'ouest, entraînant un changement de capitale. Dès la XXIe dynastie, la ville de Tanis est choisie par les successeurs des Ramsès pour abriter la nouvelle résidence royale.

Les monuments de Pi-Ramsès ont été transférés à Tanis, où l'on a trouvé sur place de très nombreuses statues au nom de Ramsès II : au début du Ier millénaire av. J.-C., on revendique volontiers là encore, l'héritage de ce roi dans un pays fragmenté et de plus en plus difficile à gouverner. La Pi-Ramsès de la Bible est donc une construction littéraire qui s'inspire plus ou moins directement de la réalité historique contemporaine et du souvenir encore vivace de la glorieuse capitale des rois ramessides.

La mention de Pi-Ramsès a servi d'argument pour identifier Ramsès II à la figure tyrannique du pharaon d'Égypte qu'affronte Moïse dans l'épisode biblique de l'Exode. L'historicité de cet épisode n'est pas avérée puisqu'aucun document égyptien ne le mentionne.

Le personnage de Moïse n'apparaît pas non plus dans les sources pharaoniques, alors même que des évènements historiques que les Égyptiens ont voulu supprimer de leurs annales, tels que le règne d'Akhénaton, sont abondamment documentés.

Sous Mérenptah, successeur de Ramsès II, le roi précise bien sur une stèle qu'il a vaincu Israël, mais de manière somme toute très anecdotique. Mérenptah est donc aussi un bon candidat pour ceux qui tentent de mettre un nom sur le pharaon biblique. En dernier lieu, cette identification paraît toutefois assez vaine d'un point de vue purement historique, puisque l'adversaire de Moïse incarne, dans la dialectique biblique, un archétype qui n'a pas besoin de nom, celui du roi égyptien tout-puissant – mais vaincu par la colère de Yahvé.

Sans être à proprement parler Ramsès II, il est fort possible que le pharaon de la Bible en soit un avatar littéraire, car qui d'autre mieux que le grand Ramsès pourrait incarner cet archétype ?

LE MONDE ENTIER POUR TEMPLE

En 1976, Christiane Desroches-Noblecourt monte les marches du Grand-Palais. Son exposition, *Ramsès le Grand*, est un succès. Elle est le point d'orgue de la campagne de sauvetage des temples de Nubie, initiée par l'égyptologue française et menée sous l'égide de l'Unesco de 1955 à 1968. L'entreprise a mobilisé des centaines d'ouvriers, de techniciens et d'ingénieurs, mais aussi des archéologues et des diplomates.

Elle a montré qu'en pleine guerre froide, des pays du monde entier pouvaient coopérer efficacement et travailler à une cause commune : sauver les monuments menacés par la montée des eaux consécutive à la construction du haut barrage d'Assouan, rendue nécessaire par le développement de l'Égypte moderne.

Le démontage et le remontage des temples d'Abou Simbel, abrités dans des collines artificielles spécialement construites à cet effet, est bien plus qu'une prouesse technique. L'opération marque une époque, crée des vocations, perpétue le nom et la gloire de Ramsès II.

Le roi devient ainsi l'un des pharaons favoris du grand public, en France mais aussi ailleurs. Plus de trois millénaires après sa mort, le roi de Haute et de Basse Égypte Ousermaâtrê-Setepenrê, le fils de Rê, Ramsès, aimé d'Amon, fait ainsi du monde son nouveau « temple des millions d'années ».

Mais avec lui, c'est également la foule de ses contemporains, connus ou anonymes, dont on garde la mémoire. Ce sont eux aussi qui incarnent et symbolisent, avec leur roi, l'une des périodes les plus fastes de la civilisation pharaonique.

Bibliographie indicative

Ouvrages et articles généraux

Damien Agut, Juan-Carlos Moreno Garcia, *De Narmer à Dioclétien. L'Égypte des pharaons*, Paris, Belin, 2022.

Dominique Farout, « Manger en Égypte : multiples témoins », *Suppl. Dialogues d'histoire ancienne*, 7, 2012, p. 47-72.

Stéphane Polis (dir.), *Guide des écritures de l'Égypte ancienne*, Le Caire, Institut français d'archéologie orientale, 2022.

Claire Somaglino, *Atlas de l'Égypte ancienne,* Paris, Autrement, 2020.

Pierre Tallet, Frédéric Payraudeau, Claire Somaglino, Chloé Ragazzoli, *L'Égypte pharaonique. Histoire, société et culture*, Paris, Armand Colin, 2019.

Claude Vandersleyen, *L'Égypte et la Vallée du Nil*, t. 2 : *De la fin de l'Ancien Empire à la fin du Nouvel Empire*, Paris, Puf, 1995.

Catalogues d'expositions sur Ramsès II et son temps

Badisches Landesmuseum Karlsruhe (dir.), *Ramses. Göttlicher Herrscher am Nil*, Petersberg, Michael Imhof Verlag, 2016.

Alain Charron, Christophe Barbotin (dir.), *Khâmouaset, le prince archéologue. Savoir et pouvoir à l'époque de Ramsès II*, Arles/Gand, Snoeck, 2018.

Christiane Desroches-Noblecourt (dir.), *Ramsès le Grand*, Paris, Presses artistiques, 1976.

Christiane Desroches-Noblecourt (dir.), *Le Grand Pharaon Ramsès II et son temps*, Montréal, Palais de la civilisation, 1985.

Biographies de Ramsès II

Peter J. Brand, *Ramesses II, Egypt's Ultimate Pharaoh*, Columbus, Lockwood Press, 2023.

Christiane Desroches-Noblecourt, *Ramsès II. La véritable histoire*, Paris, Pygmalion-Gérard Watelet, 2007.

Kenneth A. Kitchen, *Pharaoh Triumphant : The Life and Times of Ramesses II*, Liverpool, Liverpool University Press, 1982.

Bernardette Menu, *Ramsès II. Souverain des souverains*, Paris, Gallimard, 1998.

Claude Obsomer, *Ramsès II*, Paris, Pygmalion, 2012.

Bibliographie thématique

Histoire de l'égyptologie et du déchiffrement des hiéroglyphes

Vincent Rondot (dir.), *Champollion. La voie des hiéroglyphes*, Paris/Lens, El Viso/Musée du Louvre-Lens, 2022.

Robert Solé, *La Grande Aventure de l'égyptologie*, Paris, Perrin, 2019.

Simon Thuault, *Le Déchiffrement des hiéroglyphes. Une aventure millénaire*, Paris, L'Harmattan, 2022.

Jean WINAND, Gaëlle CHANTRAIN (dir.), *Les Hiéroglyphes avant Champollion. Depuis l'Antiquité classique jusqu'à l'expédition d'Égypte*, Liège, Presses universitaires de Liège, 2022.

Culture scribale et littérature

Niv ALLON, Hana NAVRATILOVA, *Ancient Egyptian Scribes : A Cultural Exploration*, Londres, Bloomsbury, 2017.

Laure BAZIN RIZZO, Annie GASSE, Frédéric SERVAJEAN (dir.), *À l'école des scribes. Les écritures de l'Égypte ancienne*, Milan, Silvana Editoriale, 2016.

Pierre GRANDET, *Contes de l'Égypte ancienne*, Paris, Khéops, 2005.

Miriam LICHTHEIM, *Ancient Egyptian Literature*, vol. II : *The New Kingdom*, Los Angeles, University of California Press, 1976.

Colleen MANASSA, *Imagining the Past : Historical Fiction in New Kingdom Egypt*, Oxford, Oxford University Press, 2013.

Bernard MATHIEU, *La Poésie amoureuse dans l'Égypte ancienne*, Le Caire, Institut français d'archéologie orientale, 2008.

Chloé RAGAZZOLI, *Éloges de la ville dans l'Égypte ancienne*, Paris, Presses de l'université Paris-Sorbonne, 2008.

–, *Scribes. Les artisans du texte*, Paris, Belles Lettres, 2019.

Pascal VERNUS, *Chants d'amour de l'Égypte ancienne*, Paris, Imprimerie nationale, 1992.

–, *Sagesses de l'Égypte de l'ancienne*, Arles, Actes Sud, 2010.

Les grandes constructions du règne de Ramsès II

Christophe BARBOTIN, Christian LEBLANC, *Les Monuments d'éternité de Ramsès II. Nouvelles fouilles thébaines*, Paris, Réunion des musées nationaux, 1999.

Christian LEBLANC, *Ramsès II et le Ramesseum. De la splendeur au déclin d'un temple de millions d'années*, Paris, L'Harmattan, 2019.

Madeleine PETERS-DESTERACT, *Abou Simbel. À la gloire de Ramsès*, Monaco, Rocher, 2003.

Hourig SOUROUZIAN, « La fascination de Ramsès II pour Amenhotep III », *Égypte, Afrique et Orient*, 97, 2020, p. 13-22.

Le village de Deir el-Médina

Guillemette ANDREU (dir.), *Les Artistes de Pharaon. Deir el-Médineh et la Vallée des Rois*, Paris, Réunion des musées nationaux, 2002.

Guillemette ANDREU (dir.), *L'Art du contour. Le dessin dans l'Égypte ancienne*, Paris, Somogy, 2013.

Guillemette ANDREU-LANOË, Dominique VALBELLE, *Guide de Deir el-Médina*, Le Caire, Institut français d'archéologie orientale, 2022.

Jaroslav ČERNÝ, *A Community of Workmen at Thebes in the Ramesside Period*, Le Caire, Institut Français d'Archéologie Orientale, 2001.

Hanane GABER, Laure BAZIN RIZZO, Frédéric SERVAJEAN (dir.), *À l'œuvre on connaît l'artisan... de Pharaon ! Un siècle de recherches françaises à Deir el-Medina (1917-2017)*, Milan, Silvana Editoriale, 2017.

Dominique VALBELLE, « *Les Ouvriers de la tombe* ». *Deir el-Médineh à l'époque ramesside*, Le Caire, Institut français d'archéologie orientale, 1985.

Religion, magie et médecine

Jan ASSMANN, *Mort et au-delà dans l'Égypte ancienne*, Monaco, Rocher, 2003.

Yvan KOENIG, *Magie et magiciens dans l'Égypte ancienne*, Paris, Pygmalion-Gérard Watelet, 1994.

Dimitri MEEKS, Christine FAVARD-Meeks, *La Vie quotidienne des dieux égyptiens*, Paris, Hachette, 1995.
Georges POSENER, *De la divinité de Pharaon*, Paris, Imprimerie nationale, 1960.
Serge SAUNERON, *Les Prêtres de l'ancienne Égypte*, Paris, Persea, 1988.

Matériaux et techniques

Paul T. NICHOLSON, Ian SHAW (dir.), *Ancient Egyptian Materials and Technologies*, Cambdrige, Cambridge University Press, 2009.

La guerre et la bataille de Qadech

Christophe BARBOTIN, Dominique FAROUT, « Le poème de Qadech », *Égypte, Afrique et Orient*, 93, 2019, p. 23-32.
Alan H. GARDINER, *The Kadesh Inscriptions of Ramesses II*, Oxford, Oxford University Press, 1960.
Pierre GRANDET, *Les Pharaons du Nouvel Empire. Une pensée stratégique*, Monaco, Rocher, 2008.
Ian SHAW, *Ancient Egyptian Warfare : Tactics, Weapons and Ideology of the Pharaohs*, Oxford/Philadelphie, Casemate, 2019.
Frédéric SERVAJEAN, *Quatre études sur la bataille de Qadech*, Montpellier, Université Paul-Valéry-Montpellier 3, 2012.
Anthony J. SPALINGER, *War in Ancient Egypt*, Oxford, Blackwell, 2005.

Table des matières

CHRONOLOGIE INDICATIVE 9

PROLOGUE 13

OUVERTURE. Le royaume des Deux Terres prend vie 15
Étudier la vie quotidienne dans l'Égypte ancienne : un exercice difficile 17
Ramsès II, l'an 55 20
Le soleil se lève une nouvelle fois sur l'Égypte 22

CHAPITRE PREMIER. L'aube en Nubie 23
L'Égypte, un « don du Nil » 24
Frontières et ressources 27
La population de l'Égypte 29
La langue des Ramsès 32
Les dialectes régionaux 33
Les langues étrangères 35
Ivoire, myrrhe et encens : les richesses du pays de Kouch 37

CHAPITRE II. Thèbes, le matin 41
Le pharaon et les dieux 43
La divinisation de Ramsès 46
Le roi bâtisseur 50

Le rituel du culte divin journalier 52
Les fêtes religieuses 55
Vers une piété personnelle ? 56
Le monde de l'au-delà 59

CHAPITRE III. Midi sur la rive ouest 63
« La Tombe » 64
Deir el-Médina : une vie au service de Pharaon 65
Dans une maison de Deir el-Médina 68
Du pain et de la bière 71
Culte des ancêtres et questions posées au dieu 73
Remèdes et formules magiques 75
Scribes et écriture 77
Papyrus et bibliothèques familiales 80
Humour et satire 82
Le rôle des femmes dans la société pharaonique 84
Mariage et divorce 86

CHAPITRE IV. Début d'après-midi à Hermopolis 89
Portrait d'un général 90
L'armée et son organisation 92
Une vie de soldat 93
Mercenaires et troupes auxiliaires 95
Les chars et leur équipage 96
La logistique militaire 98
La bataille de Qadech 99
Le piège se referme 100
Ramsès seul face à des milliers d'adversaires 101
L'infaillibilité du roi : entre propagande et réalité 103

CHAPITRE V. Fin d'après-midi à Memphis 107
Khâmouaset, le « prince archéologue » 108
Dans l'atelier des sculpteurs 110
En hommage à Osiris, Ptah et Sokar 111
Des statues vivantes et d'autres dotées
d'une seconde vie 112

Le culte du taureau Apis 114
Apis adoré et momifié 115
Les armes de Memphis 116
L'âge du Bronze 117
L'arc et le char 119
Préparatifs de fête 120
L'or des Ramsès 121
Les pierres et leur magie 123
Du carquois aux chaussures : l'importance du cuir.... 124
L'économie florissante de la céramique 126
Saqqara sous les étoiles 128

CHAPITRE VI. Début de soirée à Pi-Ramsès 129
La Maison de Ramsès 130
Une place forte militaire 131
Les écuries royales 133
Une ville ouverte sur le monde 134
Une économie « mondialisée » 136
Les villas de l'élite 137
Sport et loisirs 139
Le jeu du *senet* 140
Mondanités et politique 141
Khôl noir, pagnes et perruques 142
Les parures du pouvoir 144
À la table des nobles 144
Banquet, chants et parfums 147

ÉPILOGUE 149

L'APRÈS-RAMSÈS II 153
La crise du XIIe siècle av. J.-C. 154
La postérité de Ramsès II 155
Ramsès II et la Bible 156
Le monde entier pour temple 158

BIBLIOGRAPHIE INDICATIVE 161

Composition et mise en pages
Nord Compo à Villeneuve-d'Ascq

PEFC
10-31-3532

Certifié PEFC

Ce produit est issu de forêts gérées durablement et de sources contrôlées

www.pefc-france.org

Imprimé en France sur papiers
issus de forêts gérées durablement

Sepec Numérique

1, rue de Prony - ZA des Bruyères
01960 Peronnas

IMPRIM'VERT®

Achevé d'imprimer en Avril 2023
Numéro d'impression : N17932230358